宗教・カルト・法

旧統一教会問題と日本社会

島薗 進
田中優子
岡田真水
八木久美子
駒村圭吾
櫻井義秀
釈 徹宗
小原克博
原 敬子
若松英輔
井上まどか
平藤喜久子
金塚彩乃

高文研

宗教・カルト・法
――旧統一教会問題と日本社会◉目次

はじめに——問われる宗教と〝カルト〟の境界◉鎌倉 英也 1

第Ⅰ章 宗教と家庭・性（ジェンダー）・子ども

第Ⅱ章 「信教の自由」と法規制

はじめに——問われる宗教と〝カルト〟の境界

NHK「こころの時代」制作統括　鎌倉　英也

やっぱり、宗教って怖いものだったんですね。

なぜ、人を救うためにあるはずの宗教が、人を苦しめることになってしまうのですか。

反日的歴史観の〝カルト〟集団と、愛国を掲げる日本の保守政治家が、なぜ癒着するのでしょう。

そもそも宗教と〝カルト〟の境界線はどこにありますか。


これらは、元首相銃撃殺害事件直後から、NHK「こころの時代　宗教・人生」（ETV 毎週日曜午前五時・土曜午後一時放送）の番組取材班に寄せられた声のほんの一部である。

それは、宗教や人生をテーマとするドキュメンタリーを放送してきた私たち制作者のスタンスに関わる問いであり、いずれも単純明快に回答できるようなものではなかった。

私たちはどのように考えていったらよいだろうか。一人の論者による「解説」ではなく、多面的な角度から問題の所在を見つめ、皆が考えてゆくための「道標《みちしるべ》」となるような番組は作れないだろうか。

そんな思いで立ち上げたのが、「徹底討論　問われる宗教と〝カルト〟」という「こころの時代」の不定期特集シリーズである。このシリーズは、〝カルト〟問題や宗教の現場の第一線で活躍されている宗教学者や信仰者にお集まりいただき、ＮＨＫという局側の恣意的な論点の誘導や、発言を制限するような司会は設けず、参加者に自由闊達に徹底討論していただくことを旨とした。その結果、銃撃事件三カ月後（二〇二二年一〇月）に二週連続で放送した第一回「〝カルト〟問題の根源をさぐる」、第二回「宗教といかに向き合うか」は、ネット配信を含め驚異的な視聴数を記録する反響を呼び、討論を活字化した書籍『徹底討論！　問われる宗教と〝カルト〟』（ＮＨＫ出版新書）も緊急出版された。

本書は、それに続くシリーズ第三回から第六回までの番組討論を採録したものである。登場するのは、合わせて一三人。宗教、社会学、歴史学、法学それぞれの専門的な見方や宗教者としての立場から、宗教における「差別」の問題、宗教と政治の問われるべき関係、そして、反社会的活動を行う宗教集団は「法」で規制できるのか、〝カルト〟を見極めるための宗教に対する認識はどう培ってゆけるか、といったテーマを掲げて行われた討論の記録である。

討論を進めるにあたって常に直面するのは、視聴者からの声にもあった、宗教と〝カルト〟の境界線はどこにあるのか、という問いである。

私たちは〝カルト〟をどう考えるべきなのだろうか。アメリカのキリスト教調査研究所（Christian Research Institute）が示す〝カルト〟の基準によれば、指導者による聖典解釈への絶対的委任、指導者を微塵も疑わない絶対的信頼と信仰、既存のものとは矛盾する啓示への信仰、自らの集団と他者集団を分け隔てる心理などがあるとされる。

しかし、これらは、一般的に伝統宗教と呼ばれている宗教集団に当てはまることも多い。例えば、ブッダの教団にしても、イエスが既存のユダヤ教に対して作り上げた信仰集団にしても然りである。ことほど左様に、宗教と〝カルト〟に明確な境界線を引いて定義することは容易ではない。

本討論シリーズの座長を務めておられる島薗進さんは、「〝カルト〟という言葉には広く認知されている定義がなく、明確な意味をもつ用語としては使いにくい」とした上で、「性格はさまざまだが、メンバーだけで他から隔絶された世界を作る閉鎖性、外部に強力な敵があるとしてそれを排除することを目指す排外性、そのような特徴をもちながらも社会に積極的に打って出て勢力拡張を目指す攻撃性」などを〝カルト〟の特徴として挙げている。

また、自身がカトリック信徒である若松英輔さんは、「大いなるものや隣人への畏怖とは異なる〝恐怖〟」「身体のみならず心理的にも行われる〝拘束〟」「救いを金銭で贖うことができるかのように信じ込ませて行われる〝搾取〟」があったときは、いかに歴史や伝統をもつ宗教団体といえども〝カルト〟性が生じるのではないか、と語っている。

どうやら私たちの社会において、特に弱者に対する人格攻撃や人権侵害、違法行為が恒常的に行われ、集団が閉鎖的秘匿的で、その集団以外の人々との関係性が希薄もしくは対立や敵対関係を招く集団、いわゆる「反社会的」な集団を〝カルト〟とするのが、共通理解を得られる指標と考えてよさそうである。

もっとも、釈徹宗さんが本書でも言及されているように、〝カルト〟は宗教団体のみを指す言葉ではない。前記の考え方に照らせば、政治〝カルト〟や、民族〝カルト〟も存在するのである。

第Ⅰ章では、〝カルト〟による被害を最も受けやすいとされる「女性」や「宗教二世」と呼ばれる子どもの世代に焦点を当て、旧統一教会が重視する「家庭」という概念――現在の教団名は「世界平和統一家庭連合」である――についての問題を考えた。

櫻井義秀さんは〝カルト〟集団による学生勧誘の現場に身を置いてきた実体験や、三五年以上に及ぶ旧統一教会問題の研究から〝カルト〟集団の具体的な攻撃性の実態を挙げている。

キリスト教徒である原敬子さんは、自らも女性として、いわゆる伝統宗教の中に歴史的にどのような蔑視と差別があるか問題提起された。

八木久美子さんは、欧米や日本で女性差別の宗教とされがちなイスラム教の家庭観や女性観について、それを単純に宗教の教義の問題として捉えるのではなく、どのような西欧社会とイスラム圏社会の歴史的経緯の中で生まれてきたか、その背景を論じている。

第Ⅱ章は、旧統一教会問題の論点のひとつである「信教の自由」と「法」規制がテーマである。宗教のみならず、法学や歴史学などの専門的見地も加え、幅広い視点から討論を重ねた。

旧統一教会をめぐっては、フランスの「セクト規制法」を〝カルト〟対策のために日本にも早急に導入すべきだとの議論が高まったが、日仏両国で弁護士として活動されて来た金塚彩乃さんは、フランスの「セクト規制法」が「社会的弱者を徹底して守る」という社会思想と理念に基づくことを強調され、その根幹を十分理解することなく、法的枠組みだけを日本に移入することに対して警告を発している。

駒村圭吾さんは憲法学者の立場から、現在の日本国憲法における「信教の自由」が、大日本帝国時代への徹底的な反省から生み出されていることを示し、さらに、現在の憲法下でも、法的介入の余地が極めて限られた「アンタッチャブル」な団体があるとして、「宗教団体」と「政党」の共通性を指摘された。この討論収録後、しばらくして自民党などのいわゆる「裏金問題」が発覚し、その隠蔽性についての徹底究明と検証が必要になっている。

小原克博さんは、政治権力と宗教の関係について、対処療法的に急ごしらえで規制を急ぐのではなく、問題を歴史的文脈で掘り下げることの重要性を説く。

これに関連して、江戸文化が専門の田中優子さんは、日本がいつの時代も権力にとって便利な宗教は利用し、都合の悪いものは排斥してきたという歴史に触れられ、その一方で、現代においては、反社会的なものに対してセーフティネット的役割を果たしてきた過去の日本型コミュニティが崩壊し、剥き出しの個人が攻撃にさらされているという見方を示された。

いずれも、制度としての「法」を急ぐ前に、私たちの社会のあり方を考え直す上で重要な視点だと思われる。

第Ⅲ章は、視聴者から寄せられた反響の中で最も多かった問い――「簡単に〝カルト〟に陥らないためには宗教の知識を養うことが大切だということはわかるが、では実際に、どのようにしたら、その知識を高めてゆくことができるのか」――について、大学など実際の宗教教育の現場に立つ研究者に参加していただき、その可能性や方向性について考えようと試みた回である。

ここでの討論は、「異なる宗教や文化を持った人たちを、私たちはどのように理解し、尊重するべきか」という問題に発展してゆく。

神話学を専門とする平藤喜久子さんは、若い世代の間に爆発的に広がるゲームやアニメーションなどのポップカルチャーで、様々な異教の神が登場して人気を博している現状を踏まえ、彼らの興味が、神々の背景にある宗教文化の理解につながることの大切さを訴えている。

また、井上まどかさんは、専門のロシア宗教史において「ロシアも日本も、西欧を模範としつつ独自の道を見出そうとした〝後発の近代国家〟という意味で、かなり似たような発展をしてきたため、ロシアを合わせ鏡にして、日本の状況を反省的に捉えたい」という問題意識から、ロシアにおける宗教教育の模索を紹介している。

それとともに、小原克博さんが挙げられた、ドイツの「対話型」宗教教育の方法が異宗教異文化への理解を促進しているとの指摘は、私たちが今後、歴史的国際的視野を持ちつつ宗教教育の方向を探ってゆく過程で、参照すべき例となろう。

さらに、若松英輔さんと櫻井義秀さんが言及された「宗教リテラシー」と「宗教学リテラシー」の違い、「わからないもの」を尊重することの大切さは、「宗教とは何か」という本質的な問題に対して、私たち一人ひとりが考えてゆくための導きになり得ると思われる。

なお、「世界平和統一家庭連合（旧称：世界基督教統一神霊協会）」については、「旧統一教会」「統一教会」「統一協会」などさまざまな呼称があり、論者によって異なるが、本書ではそれぞれの発言のまま掲載することとした。いずれも同じ「世界平和統一家庭連合」を指す略称である。

本書に採録された番組は、出演者への交渉と取材を重ねた矢部裕一ディレクターをはじめ、撮影、照明、音声、美術、編集、音響効果など数多のクルーの意欲と理解に支えられて実現した。

また、その成果を書籍として伝えるため細部に至るまで編集の労を厭わず尽力してくださった高文研の真鍋かおるさん、本書の企画を立ち上げていただいた山本邦彦さんにも、心より感謝したい。

最後に。

第Ⅰ章の討論に参加された日蓮宗僧侶の岡田真水さんは、収録からおよそ半年後の二〇二三年七月九日に急逝された。岡田さんは、とかく難解で固い〝空中戦〟に陥りがちな宗教をめぐる討論の場を、ひときわ明るいユーモアで包み、自らの人生や現場での体験を根拠として謙虚に真摯に語る方であり、私たちクルーはそのお人柄に支えられた。この場を借りて、岡田さんのご出演にあらためて感謝申し上げ、心より哀悼の意を表するとともに、本書をその御仏前に捧げたい。

かまくら ひでや：一九六二年長野県松本市生まれ。NHKエクゼクティブ・ディレクター。
主な番組：「チョウ・ムンサンの遺書 BC級戦犯裁判」（一九九一 アジア国際映像祭優秀賞）、「安保改定 秘められた改憲構想」（一九九五 放送文化基金賞）、「アウシュヴィッツ証言者はなぜ自殺したか」（二〇〇三 ギャラクシー賞年間大賞）、「E・W・サイードの遺言」（二〇〇三）、「日中戦争」（二〇〇六 文化庁芸術祭賞大賞）、「記憶の遺産」（二〇〇八 石橋湛山記念早稲田ジャーナリズム大賞・ドイツ国際メディア映像祭金賞）。近著：『隠された「戦争」――「ノモンハン事件」の裏側』（論創社 二〇二〇）、『アレクシエーヴィチとの対話』（共著 岩波書店 二〇二一）など。

第Ⅰ章

宗教と家庭・性（ジェンダー）・子ども

島薗　進
岡田真水
櫻井義秀
釈　徹宗
原　敬子
八木久美子

釈　徹宗（しゃく てっしゅう）
1961年大阪府生まれ。如来寺住職。宗教学者。相愛大学学長。特定非営利活動法人（ＮＰＯ法人）リライフ代表。日本宗教学会理事。専門は宗教思想・宗教文化領域における比較研究・学際研究。『親鸞の思想構造』（2002）、『ゼロからの宗教の授業』（2009）、『宗教は人を救えるのか』（2014）、『歎異抄―信じる心は一つである』（2016）、『維摩経　とらわれない、こだわらない』（2017）、『喜怒哀楽のお経を読む』（2022）、『住職さんは聞き上手』（2023）など。

原　敬子（はら けいこ）
1965年広島県生まれ。宗教学者。カトリック信徒。上智大学神学部神学科教授。日本基督教学会、日本カトリック神学会所属。広島大学大学院終了後、パリ・カトリック大学にて神学修士、上智大学大学院にて神学博士号取得。専門は実践神学・信仰教育・カテキズム。『キリスト者の証言―人の語りと啓示に関する実践基礎神学的考察』（2017）、「《時のしるし》を読む信仰の感覚――《日本の教会》の信仰復興」（共著『宗教信仰復興と現代社会』2022）など。

八木久美子（やぎ くみこ）
1958年大阪府生まれ。宗教学者。東京外国語大学名誉教授。名古屋外国語大学教授。日本宗教学会常務理事。東京外国語大学アラビア語学科、東京大学大学院を経て、ハーバード大学大学院宗教学専攻、Ph.D学位取得。専門はアラブ世界を中心にした近現代のイスラム研究。『グローバル化とイスラム―エジプトの「俗人」説教師たち』（2011）、『慈悲深き神の食卓―イスラムを「食」からみる』（2015）、『神の嘉する結婚－イスラムの規範と現代社会』（2020）など。

第Ⅰ章◈討論参加者

島薗　進（しまぞの すすむ）
1948 年東京都生まれ。宗教学者。東京大学名誉教授。上智大学大学院実践宗教学研究科研究科長・特任教授、同グリーフケア研究所所長、同モニュメンタニポニカ所長を経て、現大正大学地域構想研究所客員教授。『現代救済宗教論』（1992）、『スピリチュアリティの興隆―新霊性文化とその周辺』（2007）、『国家神道と日本人』（2010）、『現代宗教とスピリチュアリティ』（2012）、『新宗教を問う』（2020）、『戦後日本と国家神道』（2021）など。

岡田真水（おかだ しんすい）
1954 年京都府生まれ。宗教学者。妙興寺修徒。日蓮宗勧学院講学職。兵庫県立大学名誉教授。日本学術会議第23-24 期会員。東京大学大学院人文科学研究科修士課程修了。ボン大学哲学博士（インド学）。専門は仏教学（文献学・説話研究）・環境宗教学・地域ネットワーク論。『身土不二について―仏教思想の環境運動への貢献の可能性を探る―』、『22 のアヴァダーナ（因縁物語）』（独文 1993）、編著『地域再生とネットワーク』（2008）、『神々の守る環境』（2013）、『小さな小さな生きものがたり』（2013）など。

櫻井義秀（さくらい よしひで）
1961 年山形県生まれ。宗教社会学者。北海道大学大学院文学研究院教授。日本宗教学会常務理事。「宗教と社会」学会常任委員。日本脱カルト協会顧問。専門は比較宗教社会学・東アジア宗教文化論・タイ地域研究・ウェルビーイング研究。『統一教会―日本宣教の戦略と韓日祝福』（共著 2010）、『統一教会―性・カネ・恨から実像に迫る』（2023）、『信仰かマインド・コントロールか―カルト論の構図』（2023）。『明解　統一教会問題』（2024）』など。

旧統一教会が力点を置く「家庭」

島薗　皆さんお集まりいただき、ありがとうございます。今日は、宗教と家庭、性（ジェンダー）、「宗教二世」問題を含む子どもと「カルト」というテーマで議論してゆきたいと思います。

そもそも旧統一教会は「世界平和統一家庭連合」という名前がついておりまして、「家庭」ということに力点がある。また重要な儀式に「祝福」といって合同結婚式ですね、こういうことがあって、家族に特別な意味を込めているということがございます。

他方で、大変苦しんだ、辛い経験をした子どもたちが発言をするようになりまして、今は、「宗教二世」という言葉も広く使われるようになりました。

「家庭」や「性（ジェンダー）」というのは、宗教において重要な論題でもあり、また、現代社会の中で宗教がその問題にどう適応していくかということで悩んでいるという面もあると思います。これは日本の宗教だけではなくて世界的にもそういう問題がある。今日は、そこまで広げて参りたいと考えております。

それでは、今お感じになっていることを、皆さん、最初に一言ずついただけますか。

岡田　私は立ち位置としては女性僧侶ということになるのでしょうか。五年ほど前、ホテルで朝食をとっておりましたら、年配の女性から、「失礼ですが、瀬戸内《せとない》さんですか？」と聞かれました。「瀬戸内《せとない》？　あぁ瀬戸内《せとうち》か」と思いました（笑）。当時、九〇代の瀬戸内寂聴さんと間違えられたわけです。瀬戸内寂聴さんは二〇二一年に亡くなられましたが、日本で最も有名な女性僧侶のお一人であったかなと思います。私はそんな方に間違われるような立派な布教活動もしておりませんし、寺の外でも内でも、いつも着た切り雀のようなこの格好で、住職の指導のもと、お檀家のお世話をしたり、宗門の教学振興のお手伝いをしたりしているような田舎の一僧侶でございます。今日は、そのような立場から素朴な話をしてほしいというご依頼を受けまして参りました。

櫻井　私は、宗教社会学という学問的な立場からお話をさせていただきたいと思います。

家族とか地域の自治体とか、あるいは世界全体に対してですね、統一教会がどういう働きかけをしているのか、そこに私たちはどういうふうに対応していくのかという観点からも、私は統一教会の問題を議論していかないといけないと思っております。

なぜかというと、統一教会が宗教法人でなくなったとしても、今後も数十年にわたって統一教会の信者の方は日本にずっと居住されるわけなんですよね。その方々とどういうふうに付き合っていくのかということを考えた際に、やはり、統一教会のことを宗教として理解しておかなければいけないというふうに思っているところです。

原　私は、上智大学神学部で教鞭をとっております。私自身、実家には仏壇があって神棚もあるという、いわゆる日本の習合宗教の家から出て、洗礼を受け、カトリックの信徒となっております。そのあと、いろいろな経験もございまして修道生活に入り、今に至っているということを考えますと、「宗教プロパー」な人生を送っていると言えると思います。そのような立場からして、統一教会をめぐるさまざまな事件について、もう目をつぶることはできないと思っておりますし、自分自身に問いかける意味でも、さまざまな考えが巡っているところです。

釈　私は、宗教思想、宗教文化を研究しております。それが専門分野ですので、今日は、旧統一教会問題を軸にしながらも、ぐっと話を広げていくのが役割かなと思っています。

宗教というのは、一般に考えられているほどスタティックなものではなくて、生きた宗教というのはもっと動的なものだと思います。我々はつい「何々教はこうでしょ」とか「何々宗はこうですよね」とかいうふうに固定して捉えがちですけれども、ずっと動き続けているという側面があるというふうに考えた方がよい。信仰者もそうでない方も、そのように見ていった方が望ましい。そんなお話ができればと考えております。

八木　東京外国語大学の八木と申します。私の専門はイスラムでして、近代以降のアラブ世界を中心とした、特に一般の信徒のイスラム観、つまり、思想家とかウラマー（イスラム教における知識人・教師）の人たちのイスラム観ではなくて、普通の人たちにとって宗教というものがどう見えるのかというようなことを研究しております。専門の中心はエジプトになります。

ここでカミングアウトしておきますと、私はカトリックの信者でして、イスラム教徒ではないので、研究者としてイスラムを見ている立場です。イスラムを研究し始めたのは、イスラムは一番わかりにくい宗教だという印象があり、これがわかったら何か宗教というものが見えてくるんじゃないかと考えたからです。しかし、だんだんイスラムがわかってくるにつれて「わかっていないことはいったい何だったのか」が見えてきました。実は日本のことがわかっていなかったわけです。その観点から、つまり、まったく違う前提条件を持っているイスラムを視野に入れると、日本の現在の状況をどのように見ることができるのか、お話できるのではないかと思っております。

浮かび上がる女性への蔑視

島薗 ありがとうございました。では、最初のテーマとして、カルト問題における「家庭」ということで、まずは、岡田さんから旧統一教会問題から見えてくる宗教と家庭や女性について、ご自身のご体験などお話いただき、その上で皆さんのお考えを伺えればと思います。

岡田 皆さん、一九五四年というのは何の年でしょうか。それは、私が生まれた年です（笑）。そして、統一教会ができた年でもあります。私は、大学でインド哲学と仏教学を学んでいたとき、「中学のときの同級生だった〇〇ちゃんが合同結婚式に参加したのよ」ということを、別の友人から聞きました。「〇〇ちゃんは友だちのところを回って折伏しているのよ」と。当時、京都では、

合同結婚式：全世界から集まった男女を旧統一教会がカップリングして執り行う集団結婚式。旧統一教会によれば、二〇二三年五月に開催された合同結婚式には、約一五〇カ国のおよそ一万六〇〇〇人が出席した（日本人の参加者はオンライン会場を含めて九九三人）。

折伏（しゃくぶく）：仏語。仏教で衆生を教え導くための方法のひとつとされ、悪人や悪法を打ち砕き、迷いを覚まさせることを指す。転じて、他者を説得して自分の信じる宗教に勧誘することに用いられる言葉。

「折伏」という言葉が流行っておりまして、「布教をしているのだ」と。

その統一教会に入った私の友だちというのは、とてもやさしい人で、真面目で、頭の良い人でした。幼いときにお父様を亡くされて、お母様を助けて暮らしていたがんばり屋さんでした。とにかく、「なぜ？」という感じを受けまして、それで、「私のところにも早く折伏に来ないかな。来てくれたらお釈迦様やらイエス様のお話をするのに」と思って待っていたんですけれども、ついに私のところには来てくれませんでした（笑）。

時が過ぎて一九九二年になると、歌手の桜田淳子さんが「合同結婚式」に出たという話題が大々的にメディアにも取り上げられましたが、その後、パタッとですね、旧統一教会系のニュースを見なくなったような気がしております。

ちょうどその「合同結婚式」から三〇年が経ちますね。その空白の三〇年の間にも、女性や子どもさんたちがですね、たくさん苦しみを感じていることも、旧統一教会が「イブ」を虐げるような教義を信者に教え込んだり、日本を「イブの国」と呼んで献金をするのが当たり前だというような指導をしていたということも、私はまったく知らずにきました。教義的に女性を蔑視して

イブ：旧約聖書「創世記」に登場する人類最初の女性。男性のアダムの肋骨から造られ、妻とされた。「エバ」とも呼ばれる（「イブ」は「エバ」の英語名）。

いる、そういう教えを旧統一教会が示し、たくさんの女性や子どもを苦しめてきたという事実を知らずに、二〇年も三〇年も暮らしてきたという、私自身の問題について少しお話させていただきました。

櫻井　今、岡田さんが、女性が虐げられているという統一教会に関しての問題をあげられました。ご指摘の通りで、一般的に「統一教会の被害者」と言われていますけれども、男性と女性の比率で言えば、圧倒的に女性が被害者になっていると言えると思うんです。霊感商法や献金被害。やはり献金を積極的にしていくのは女性なんですね。その献金の動機や霊感商品を買ってしまう動機が、要するに、家族を救いたい、先祖を救いたい、そのお金を出すためには自己犠牲も厭《いと》わないというタイプの信者で、統一教会のやり方に染まっていく。そういう部分があると思います。

もうひとつはですね。これは青年信者で「祝福」を受けた方々ですけども、韓国に日本人の女性信者はおよそ七〇〇〇人渡っていると言われていまして、現在も六〇〇〇人近くの方が韓国に居住しているわけです。

岡田さんがお話されたお友だちのことについてですが、統一教会は、一九八八年に六五〇〇組、九二年には三〇〇〇〇組という多数の信者が参加した「合同結婚式」を行っています。その際、「韓国人男性の場合は信者でなくてもよい」ということになっています。なぜならば、「メシア」が生まれた韓国の男性は信者でなくても霊的に高いから、ということなのです。ところが、この「メシア」が生まれた国を虐げた、かつて植民地支配した日本は霊的に低いので、日本人女性信者は自らを犠牲にして――犠牲という言い方は適切じゃないにしてもですね――韓国に渡っていろいろな苦難の生活に耐えながら、日本の罪を贖罪しなければならないのだ、という教説があるわけです。

なぜ男性に対して女性が自己犠牲をしなければいけないのか、という問題に関しても、教説のレベルで、「失楽園」の物語があるわけなんですけど、女性つまり「エバ（イブ）」がサタン（悪魔）と不倫したであるとか、あるいは「アダム」（男性）を籠絡して善悪を知る果実を食べさせただとか、いわば女性に問題があるために、神の戒めに背いた原罪が人類に血統として流れているというわけです。

こういう非常に女性差別的な教説、国家間関係があり、それに基づいた実践が生み出されてい

メシア：救世主。新約聖書におけるイエス・キリストのこと。旧統一教会においては、創立者・教祖である文鮮明（ムン・ソンミョン。一九二〇―二〇一二）であるとされる。

失楽園：イギリスの詩人ミルトンの長編叙事詩。蛇に姿をかえた悪魔（サタン）に誘惑されたイブが、神に背いて禁断の「知恵の木の実」を食べ、夫のアダムにも与えたため、二人とも楽園「エデンの園」から追放された、という旧約聖書「創世記」がモチーフ。

ます。その意味では、なぜ統一教会がいろいろな社会問題を生み出すのかというところの根にはジェンダー差別的な内容が入っていることがあると考えております。

原　今、櫻井さんが教説についてお話くださいましたが、そのお話を聞くだけで、違和感というか、もうちょっと耐えられないという気持ちになりますよね。

私も今回、この討論の場に来るまでに、カトリック教会内の中世からのさまざまな誹謗中傷や蔑視のことをちょっといくつか調べて見てみたんですが、もう調べれば調べるほどつらく、気持ちが悪いという感情になりました。けれども、その自分自身も今、教会という共同体に所属していますので、当然、共同体の中にいたら、女性蔑視的なこととかジェンダー差別があったとしても、それを空気のように吸っているわけで、それにあまり気づいていないという問題があります。

ですので、時間を置いて客観的に見る、あるいは他の人、つまり自分の共同体以外の人と話したときに、それが正しいことなのか間違っていることなのかということを、ちょっと自由に話し合うとかですね、そういう動きと言いますか、何かできることはないのかなというふうに思いました。

釈　原さんがおっしゃった側面は、他の伝統宗教においても見られると私は思います。

伝統的な教団というのは、従来の家族や地域をモデルとして組み立ててきたようなところがあるので、社会や地域や家族関係はどんどん変化しているのに、依然として従来型のモデルを基盤にしてものを考える傾向があります。

ただ、宗教という領域は、そもそも急ハンドルがそぐわない性質があります。流れている時間もすごくゆっくりしていますし、基本的には前例踏襲を大切にしますし、何よりも宗教というのは、死者や心霊といった要素があり、今、ここにいる人間だけで簡単に変更してはならないといった特殊な事情があるので、変化は少しずつ少しずつ、となります。でも、とはいうものの、社会の要請に誠心誠意向き合って変わってゆかねばならない課題を抱えている。宗教と社会とはそういう緊張関係にあるはずなんです。どれほど伝統的な習慣とか理念であっても、その宗教が持つ理想であっても、あまりに非人道的な行為や営みとか、女性差別や子どもの虐待やマイノリティを抑圧するというのは、やはり社会から宗教に対して改善が求められるわけです。

宗教はそれにちゃんと向き合うことによって、宗教自身を鍛錬していくというところがあります。いわば、コアの宗教性を保持しつつ、枝葉の部分を変えてゆくわけです。多くのカルト教団には、社会に向けて開き、社会と対話を重ね、互いにせめぎ合いながら、自身を練り上げていくところがほとんど見られないということは大きな問題のひとつとしてあると思います。

八木　そうですね。さきほど、アダムとイブの話がありましたが、コーランには、いろいろな内容があるんですけれども、聖書と似ているところもたくさんありまして、楽園追放の話もあるんですね。けれども、興味深いのは、イブがアダムをそそのかしていない点です。二人とも一緒に神に背いています。さらに、聖書と異なるのは、アダムは楽園を追放されたあと、神と和解している点です。反省して許されて預言者になっていて、話が罪から始まっていないので、コーランにおいては、女性の方がより罪深く男性の下に置かれるという構造はこの点では生まれないはずなんです。その他の内容を見ても、コーランには女性蔑視の内容が並んでいるのかと思いきや、そうではない言葉もたくさん入っています。

やはり、私がいつも思うのは、聖典に何が書いてあるか、預言者が何を言い残したか以上に、そのあとに解釈をしてきたのが誰なのか、が問題なのではないかということです。男性だけが解釈を行ってきたというところが女性蔑視につながっているのではないか。そのように私はとても強く感じています。

櫻井　先ほど、釈さんが、宗教とカルトの違いについておっしゃっておられましたが、統一教会がなぜこういう反社会的な性格を今もって強く持っているのかということについてです。それは、教団設立当初の「地上天国を実現する」ということを今なおお考えてやろうとしているからです。

つまり、社会に適応するというかたちで、一般の信徒の方が家庭生活を余裕をもって営めるようにするとか、地域社会に溶け込めるようにするとか、隣の人と仲良くできるようにするというような配慮がないのです。いわば、教義をそのまま実践して社会全体を変えてゆく、という思想をいまだに持っているのですね。そのために、非常に急進的で過激な活動をやっていて、そこにある種、自己犠牲的に関わることによって、それが信仰のモチベーションになってゆくと思うんです。

ただ、この状況にも少し違った展開がありまして、第一世代はそれでやれたのですが、第二世代——これは、「宗教二世」の話題につながるかと思うのですけど——その世代は「もう耐えられない」という声をあげています。ひょっとしますと、これからの二世代目さらに三世代目になると社会に適応するパターンになるかもしれないのですが、現在においては、かなり日本の社会と敵対的な関係になっているので、これからどのようになっていくのか、なかなか先を見通せないというところがあると思います。

宗教は女性を抑圧するのか

島薗　ちょうど今、「宗教二世」という話が出ましたので、次の論点に移りたいと思います。「宗教は女性や子どもを抑圧するのか」という問いですね。
そもそも、宗教にそういう側面があると考えなければならないのかどうか、あるいは、どうしてそのようなイメージができてきたのか。これについて、まずは原さんから問題提起していただければと思います。

原　今まで何度か出てきたアダムとイブの話ですが、それは旧約聖書「創世記（二章二二節）」の女性の創造に基づいています。ここでは、アダムの肋骨から女は造られたということになっています。結局、そこからすでに男女が平等ではないというか、女性が従属している状態にあるわけです。そのような話は、新約聖書の中にもありまして、特に「パウロの手紙」などでは、「女の頭《かしら》は男」（「コリントの信徒への手紙一」一一章三節）とか「妻は夫に仕えるべきだ」（「エフェソの信徒への手紙」五章二二節）とか、そのような話が出てきます。一方、そういう社会の中で、イエスは女性と積極的に出会って話をし、ともに宣教したという記述も出て参りますので、イエスはフェミニストだったのではないかという話もございます。そして、イエスが死んだあとで教会が成立していくんですけれども、結果としてできた教会は、男性社会の男性中心主義的な制度によって作られていったということになってしまいます。

それから、教義の話になりますけれども、先ほど少し申し上げましたが、今回、私は、中世で使われていたいろいろなテキストのうち、「魔女の鉄槌」を少し見てきました。魔女裁判を行うための理由づけとして、「女性がどうして魔女裁判にかけられなければならないのか」というものすごい文章がありまして、それは本当にすさまじい女性蔑視と誹謗中傷にあふれています。こういうテキストが実際に使用され、扱われていたということを考えますと、やはり、今の私が想

魔女の鉄槌：一四八六年に二人のドミニコ会士によって書かれ、以後およそ一〇〇年以上、女性の異端審問（魔女裁判）の手引書となった。中世末期、社会における女性の地位や権利をめぐって「女性の論争」が起き、教会組織にジェンダーの不平等を真っ向から指摘する女性たちが現れると、男性聖職者たちは「鉄槌（ハンマー）」を携えて対抗した。本書は、教義的な異端女性糾弾のための手引書ではなく、世俗的な因習や著者の経験を土台として書かれた女性という存在に対する誹謗中傷に溢れ、特に性の劣等性に悪魔が憑依するとされる。結婚や社会に問題が生じた場合、悪魔が取り憑いた女性に原因があるとされ、拷問や火刑が公然と行われた。

ドイツ・デレンブルグで執行された、魔女の火刑にあたって発行されたチラシ（1555 年、部分）

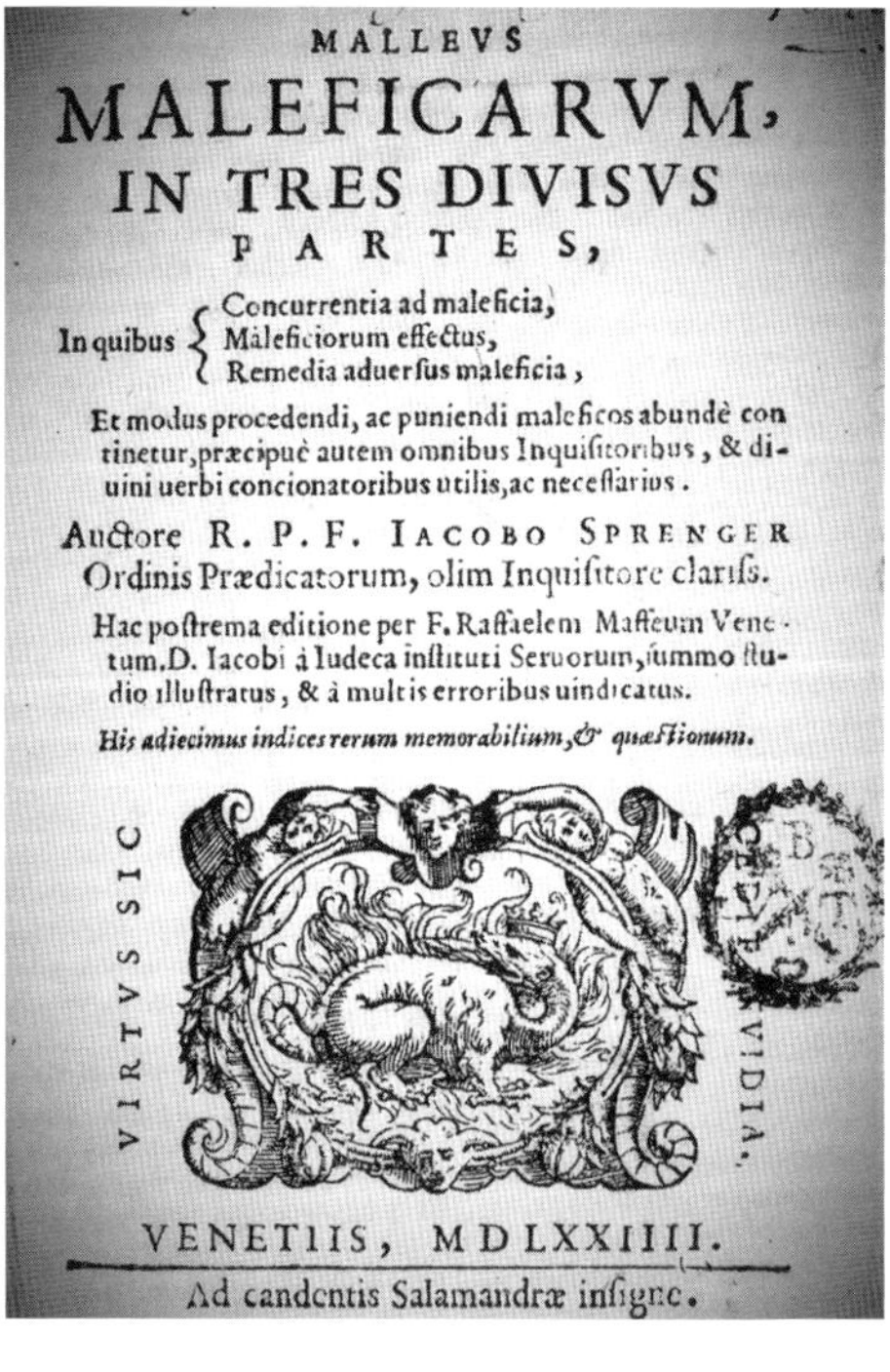

MALLEVS
MALEFICARVM,
IN TRES DIVISVS
PARTES,

In quibus { Concurrentia ad maleficia, Maleficiorum effectus, Remedia aduersus maleficia,

Et modus procedendi, ac puniendi maleficos abundè continetur, præcipuè autem omnibus Inquisitoribus, & diuini uerbi concionatoribus utilis, ac necessarius.

Auctore R. P. F. IACOBO SPRENGER Ordinis Prædicatorum, olim Inquisitore clariss.

Hac postrema editione per F. Raffaelem Maffeum Venetum. D. Iacobi à Iudeca instituti Seruorum, summo studio illustratus, & à multis erroribus uindicatus.

His adiecimus indices rerum memorabilium, & quæstionum.

VENETIIS, MDLXXIIII.

Ad candentis Salamandræ insigne.

ヤーコブ・シュプレンガー著『魔女の鉄槌』（ラテン語版、一五七四年発行、ドイツ・チュービンゲン大学図書館蔵）

像する以上に女性は激しく虐げられていたんだな、私自身の愛する教会でさえもそういう状況になっていたんだな、ということを感じ、悲しくなります。本当にこのテキストは女性に対する悪口でしかないような書き方がされているのです。

そこで、問題点としては、まず男性が聖職者集団あるいは宗教の指導者集団を構成するときに、男性の権威がそこに集中してしまう。つまり、男性というだけで一方的に生じた権威への従属が始まることになります。さらなる問題は、その権威に対する従属性が依存に変わってゆくのではないか。女性がその権威を「共依存」的なかたちで受け入れてしまうと、今度は逆に、女性が男性に与えられた権威を自分のものとして使ってしまうことになる。

ですから、男性社会という組織そのものを変更しなければならないと同時に、女性側も従属することによって自分自身を存在させてゆくというような生き方になっていないか反省する必要があるように思います。

島薗　そのあたりについて、イスラムの研究をされてきた八木さんはいかがお考えでしょうか。

八木　イスラムというと、女性を差別する宗教だというイメージがあると思いますが、実際にイスラム教徒の方と親しくされると、アフガニスタンとかイランの特殊な例を除いて、女性が虐げられて自由に発言もできない状態にあるという感じはまったく受けないと思います。

確かに婚姻関係などには、依然としてイスラム法、古典的なイスラム法そのままと言ってもいいほどのものが残っているんですけれども、それについてもおもしろい点があります。男性と女性が同じ権利と同じ義務を持つというのが平等であるとすれば、まったくそうでないことは確かです。男性と女性、夫と妻の義務と権利が全然違うんですね。例えば、経済的に「養う義務」は男性が一〇〇パーセント負い、「養われる権利」は女性が一〇〇パーセント持っています。その上、女性が仕事をすることは禁じられていないので、その場合、女性の収入は全部、自分の小遣いになるんです（笑）。男性には厳しいんですよ（笑）。夫が養おうとしなければ、女性は自分の権利として養われることを要求できるわけです。ですから、性役割においては、必ずしも男性ばかりが得しているとは言えません。

しかし、女性が「養われる権利」を主張することで自分の権利を拡大してゆくこと、「養われる者」として発言し、「庇護される者」として庇護される権利を主張するということは、完全な自由として

イスラム法：神が定め、預言者ムハンマドを通して人間に教えた法体系。信仰上の遵守事項や禁止事項、社会的規範などが広範に含まれる。個人の内面から社会のありかたに至るまで、すべての領域で、イスラム教徒の行動の指針となっている。

言いますか、人間として同じレベルで男性と女性が語られることにはなっていないのではないかと思います。

原　なっていない。ですから、対等な関係にはなってはいないということなんですよね。

八木　そう思います。イスラムの場合、女性として見れば、差別と言いますか「区別」を逆手に使っているという感じではないかと思います。

「宗教二世」子どもへの強制を問う

島薗　その一方で、いわゆる「宗教二世」という言葉は、旧統一教会問題が起きてからはじめて出てきた言葉ではありませんが、「宗教二世」の集まりがウェブ上などでできてきたという現象は、この一〇年くらいではないかと思うんですけれども。

釈　その「宗教二世」問題についてですが、おそらく「宗教二世」の問題が世間で大きな注目を集めたのは、一九八五年に川崎市で起きた輸血拒否事件だったと思います。両親が子どもへの輸血を拒否することによって、一〇歳の男の子が命を落とすことになりました。この事件については、親が自分自身の信仰によって輸血を拒否して命を落とすのはまだ理解できたとしても、子どもにまでそれを認めるべきなのかどうか、というようなことがあったと思います。

そして近年になって、「宗教二世」の当事者たちが声をあげ出したんですよね。これはもうここ数年のことで、ソーシャル・メディア（ＳＮＳ）の発達が大きいと思います。ひとりが声を上げると意外に多くの共感を呼んで、同じ苦しみを抱えた人たちが宗教の枠を超えてつながり出しました。

ただ、この「宗教二世」っていう呼び名については、私は再考が必要なんじゃないかなと思っているんですよ。これは、「二世の問題は、カルトだけでなく、宗教全般にある」という意味合いで使われているようですが、「宗教」という用語のもつ範囲の大きさを考えると、違和感があります。今、問題になっているのは、やはりカルト教団——いや、教団だけじゃないですよね。カルトは宗教だけじゃありませんので。教育カルトも、政治カルトもありますから——このカルト問題に関する「二世」「三世」、熱狂的な信仰という意味での「二世」、そうした親を持った子どもたちという意味であれば、「カルト二世」という方が、より適切かと思うんですけどいかがでしょうか。もちろん、伝統宗教における熱烈で偏狭な信仰の「二世」「三世」も、同じような問題を抱えているのはよくわかっています。

輸血拒否事件：一九八五年六月六日、川崎市で、一〇歳の男児が交通事故により重体に陥った。救急搬送先の聖マリアンナ医科大学病院では、手術のため輸血準備に入ったが、駆けつけた「エホバの証人」信者である両親が、「息子がたとえ死に至ることがあっても輸血無しで万全の治療を」との決意書を提出して輸血を拒否した。この宗派では、「血を避けるように」という聖書の教えが輸血という医療行為にも適用されるとし、父親も「聖書にある復活を信じているので輸血には応じられない」との姿勢を崩さなかった。病院側は説得を試みるが、他の信者も集まる中、両親の決意を翻すことはできず、約五時間後に男児は死亡した。事件後、同大学常勤理事会は、「必要と判断された場合には、警察の協力を得て支援団体の排除等に努め、両親への説得を続けつつ、人命を最優先し、輸血を行う。これに対する責任は大学が負う」と決議している。

櫻井　「宗教二世」という呼び方でよいのかという問いかけをいただきましたが、私もそのように思います。正確に言うのであれば、「統一教会二世」「エホバの証人二世」と言うべきだとも思います。

ただ、当事者は、こうした言い方自体を好まないですね。「宗教二世」という立場で言いたいということなのだろうと思います。これは、ひとつには、生きづらさの告発なんだと思いますが、結局、親に自分の生き方とか信仰を決めてもらいたくないという意向です。いわば、家族単位で信仰を持つという考え方自体に反発している人が新宗教あるいは教団宗教を含めて多いのではないかなと思うのです。

これは宗教の大きな流れで言うと、やはり「世俗化」あるいは「個人化」の影響です。信仰というのは「文化」じゃなくて、ある種「選択」なんだと。信じる自由、信じない自由ということです。日本では、この信じない自由、強制されない自由を非常に強調するのですが、これも、日本社会の世俗化状況とか個人化状況を反映していると思います。その選択をですね、各個人がしなければならないというのも、これはある意味で自由なんですけれども、選択に個人としての負荷が非常にかかってきて、いろんなかたちで迷う人も出てくる。そういう中で、また、いろんな宗教の勧誘や布教に出遭ってですね、いわば「自分の家はこの宗教であるから、そちらに行きません」という拒絶の仕方もできにくくなってくると思うのですね。

ですから、個人化というのは、個人の自由を非常に高めるのですが、逆に、家族とか地域とか、そこにある文化圏に守られていたバリアが無くなってしまって、むき出しの個人が教団宗教に直面しなきゃいけない、カルト宗教に直面しなきゃいけないという、大変な時代でもあるのではないかなと思います。

島薗　岡田さんは、比較的、宗教環境としては厳しいしつけのご家庭に育ったということですが、この「宗教二世」という言葉には、どのような思いを持たれますか。

岡田　そうですね。明治時代に生きた私の曾祖父《ひいじい》さんは、いわゆる「堅法華」といわれるような人で、政府の「神仏分離令」に反対して、百日間も御所に通うというようなことをしまして、寺にいられなくなり一般在家の家に婿に入って、家族の中で自分の信仰を守っていこうとした人だったんですよね。ですから、私も赤ちゃんのときから座れるようになったら勤行をし、ご飯の前にお経を聞いて育ったわけです。

堅法華（かたぼっけ）：法華経の信仰に篤く、厳格にその教えを守ろうとする人々を指す言葉。

そして、成長したあるとき、私はそれが自分にすごく強制されているような気がしたんです。なぜかと言うと、いろいろわからないことがあるから親に尋ねても、ひとつも教えてくれないのですが、だったら、そんなわけのわからないものを私はなぜしなくてはならないのか、という気持ちになったわけです。ですから、私は小学校のときから高校まで、ずっと「隠れキリシタン」でして（笑）、聖書を読み、しまいには教会にこっそり通ったりもしていたんですけれど、その後、偶然、インド哲学に出会い、そのようなことでまた仏教に戻ってきました。しかし、今でも聖書を時々読むというような、そういう信仰生活を送っております。

実はこのような話を、この番組を制作しているNHKの方が取材で私の家に来られたときにしたんですね。そうしましたら、「岡田さんは自由だったんですね」って、プロデューサーの鎌倉さんに言われたんです。その「自由」っていう言葉に、私はすごくびっくりしました。というのは、私は不自由に育ったと思ってきましたから。けれども、思い返してみたら、確かに私は自分で道を選んできたのではないか。赤ちゃんの頃を過ぎて大きくなり、お祖父《じい》ちゃんの後ろに座って経文を聞いていた頃から、自分自身でキリスト教に目覚めて学び、それでまた自分自身の選択で仏教の世界に戻ってきた。それで、今はお寺の嫁になっている。そういう人生をみんな自分で選んできていたのです。ですから、私は、実は精神的には圧迫は受けていなかったということなんですね、意外にも。それで、「自由だったんですね」という言葉を聞いた途端に、私は本当に自由な気持ちがしたんです。やっぱり私にとって、信仰は「選択」だったわけです。
そうしたことを思いますときに、「ボーン○○」と呼ばれる、たとえば「ボーン創価学会」とか「ボーンクリスチャン」の方々も自分で選ぶことができる、そういう瞬間があれば、とても幸せだと思います。

釈　私も寺の子どもとして生まれたので、そういう意味では二世……いや、寺はもう三六〇年以上、代々続いているので、宗教一九世くらいになっちゃうんですけれども（笑）。でも、少なくとも私自身、他の道でも生きていけるっていう自信と言いますか、思いはずっとありましたので、扉は閉まっていなかった実感があります。今、自分の居場所がここにあるとしても、全方向に向かって扉は開いていて、そちらの方向に進むことも十分可能でした。ところが、これを囲い込んでしまって、一方向のみへと誘導するということになると、そこに「二世問題」が起こってくるのだと思います。

島薗　今のお話の非常に重要なところは、一般的なイメージとして、宗教は個人の自由を奪うというふうによく言われるんですが、逆に、宗教的なものによって育つことで、自分自身で責任をもって選ぶというようなメンタリティも養われるということ。そういう場合もあるということではないかと思います。

そういうことから言いますと、人権という言葉を使うならば、宗教と人権は対立するのではなくて、宗教こそが人権の根幹になるものを養っているという側面もあるんだということになろうかと思います。この点については、ここには宗教者の方も多いですし、私自身もそのように考えておりますので、ここで確認しておきたいと思います。

イスラム教における女性の位置

島薗　続いて次のテーマですが、「世界と日本の諸宗教における女性の力」について討論してゆきたいと思います。女性が宗教によって抑圧されているという面があることは否定できない。しかし、それは宗教本来のものではないという面もあるし、あるいは誤解されて誇張されているという面もある。そのようなお話もすでに出て参りましたが、ここで、八木さんに詳しく紹介していただければと思います。

八木　先ほども少しお話しました通り、イスラムという宗教の名を聞くと、やはり女性のステータスということが真っ先に頭に浮かぶと思いますが、そのこと自体が実はイスラムという宗教の持っている特性を考えたときに、極めて不自然なことではないかと思います。

なぜかと言いますと、イスラムというのは包括的な性格の宗教でして、政治も経済も芸術も、人間の営みに関してはすべてその意味を問うような宗教だからです。家族のことであるとか、女性のステータスについてだけ言っている宗教ではまったくないはずなんですね。

にもかかわらず、なぜそのようなイメージになっているかを考えますと、それはイスラム教徒が生きる社会の側の事情があります。要するに、近代化の過程でイスラムの世界の外とも付き合わなければならない、交渉しなければならない、あるいは西欧諸国をモデルとする近代化を行わなければならないというときに、政治や経済はイスラムの論理で、つまりイスラム法で動かすことができなくなってゆくわけですが、その中で唯一残ったのが、いわゆる「身分法」が扱う結婚とか離婚とか遺産相続といった領域でした。そこだけを最後の砦として、イスラム法を法律の形にして残したんですよね。そうしますと、そうした性格の「身分法」を持っている国がイスラムの国であるということになる。そういう法律を大切にしている政府は統治の正当性を持つ、承認されるという構造があるんです。

ですから、本来、イスラムというのは女性のステータスについてやかましく言う宗教だというのではなく、歴史的な経緯が生んだひとつの特殊な側面であるということです。しかし、今日、女性のステータスと男性のステータスがはっきり決まっている「身分法」を大切にすることがイスラム教徒として生きることという意味を帯びてしまっています。イスラムは

身分法：イスラム教における結婚、離婚、贈与、禁治産宣告、遺言、遺産相続など、家族や親族の地位に関係する一連の法。

女性について厳しいと言うときには、私たちは、もともとイスラムがそういう宗教なのだと捉えるのではなく、どういう歴史的経緯があるのか、どういう経験をイスラム世界の外との関係でしてきたのか、ということを踏まえた上で、彼らが見出した決まりの意味ということを考えていかないといけないと思います。

そして、このことについて日本を見ると、括弧付きの「美しい国、日本」のようなことが言われていたりします。これも家族のあり方などにそれを象徴させるという考え方のようですし、やはり同じようなものがあるんですよね。

本来、イスラムとはそのような教えではないのに、あたかもそれがイスラムの本質であり、そこだけは譲れない部分であるかのように位置づけられてしまっているというところがあります。そのあたりは、例えば、日本において夫婦別姓はいけないなどと言われていることの意味も、もう一度、イスラムの例を「写し鏡」にして考えてみることもできると思います。

「ジェンダー・フリー」を妨げるもの

島薗　統一教会は、全国各地で地方の議員たちに働きかけたり、首長に働きかけたりしながら、性教育を制限したり「家庭教育支援法」というようなものを作ろうとしていますね。これはどういうことなのか。要するに、家族の絆を強めるということを掲げると、それにある種の政治勢力が共鳴する。

家庭教育支援法：安倍晋三首相による第一次安倍内閣が二〇〇六年九月に発足すると、一二月には「教育基本法」が改定され、家庭教育条項が新設された。改定法は「保護者が子の教育に第一義的責任を有する」として、国や地方自治体に家庭教育の支援策推進を求め、学校や地域住民の責務や役割も盛り込まれた。野党や各地弁護士会が家庭教育への国家権力の介入だとして批判する中、国際勝共連合など旧統一教会系団体や保守系団体が後押しし、地方議会でも、同法の趣旨に沿う家庭教育支援条例の制定の動きが広がる。二〇一三年四月、熊本県が全国初の家庭教育支援条例を施行。以後、鹿児島県、静岡県、岐阜県、徳島県、宮崎県、群馬県、茨城県、福井県、岡山県、加賀市、千曲市、和歌山市、南九州市、豊橋市、志木市など全国一〇県六市が家庭教育支援条例を制定した（二〇二四年六月現在）。

　また、八木さんも指摘された「美しい国」というフレーズ、この「美しい国」という言葉は安倍元首相がよく使っていた言葉ですが、日本には独自の国家体制があるんだと、日本の古来からあるそういう美しい国柄と家族の秩序が重なっているんだと。そのような言説に共鳴する人たちがいて、その人たちと統一教会が結びつき、関係を結んだ。そういうところがあったと思います。

櫻井　八木さんが言われた、イスラムが近代に世界と交渉する、西欧と交渉する中で、いわば、政治と経済はもう西欧式のやり方でやるしかないけれども、家族的な領域、文化の領域については最後の砦として守ったがために、ここだけが注目されると。この指摘はですね、私も実は、日本にも当てはまるのかなと思うのです。

「失われた三〇年」と言われていますが、この間、グローバル経済の中で日本経済が沈降してきた。それは科学技術のイノベーションの問題もいろいろあるでしょうけれども、ひとつはやはり少子化の問題ですね。出生率の低下とそれに伴なう人口減少は結局止められないという問題です。こういう非常に根本的な問題を何とかしなければいけないにもかかわらず、それをやらずに疑似的な争点を作ってきたのではないかと思います。要するに、日本の家族があまりにも個人化してきた、男女のあり方があまりにも自由になってきた、そこのところが問題じゃないかというような疑似的な争点を作りあげて対応することで、ある意味、政治家がいろんなかたちでパフォーマンスを発揮しているのではないかと思うのです。

「ジェンダー・フリー」をめぐる論争がそれです。「男女共同参画社会基本法」が制定されたあと、それに基づいて各自治体がさまざまな条例を作ってきました。その中で、二〇〇三年に宮崎県都城市が「性別又は性的指向にかかわらず、すべての人の人権が尊重され」るという条例を作りました。ところが、その三年後、市長が代わる中で、統一教会の関連団体である「世界日報」が執拗な批判的キャンペーンを打ちまして、例えば、そのような条例を作ったら同性愛者が都城市に集まってくるとかいった極端な主張を展開して、市民や市議会の間にある種の惑乱を起こし

都城市男女共同参画社会づくり条例：二〇〇三年一二月、宮崎県都城市で制定された「男女共同参画社会づくり条例」は、「性別又は性的指向にかかわらず、すべての人の人権が尊重され」と記され、性的少数者の人権尊重が明文化された日本初の男女共同参画社会条例となったが、旧統一教会系「世界日報」などが「健全な男女共同社会をつくる都城市民の会」と連動して、大々的な条例廃案の運動を展開した。条例制定に尽力した市長が二〇〇四年に退任し、二〇〇六年に都城市周辺四市町村合併によって同条例が再制定されることになると、「同条例案の背後に潜むのは『性の解放』を目論む左翼的フェミニズムの思想」などとするビラが撒かれ、「世界日報」は「あきれた男女共同参画条例案、成立すれば、同性愛解放区に」とする記事を掲載、「性別又は性的指向にかかわらず」という文言の削除を求める論陣を張った。同年九月、都城市議会で、条例改定賛成二二、反対一七によって「性別又は性的指向にかかわらず」の一文が削除された。

ました。結果として都城市は、「すべての人」という言葉だけを残して、条例に明記されていた「性別又は性的指向にかかわらず」という文言を削除しているのです。

地方自治体の条例に対するこうした反対運動は、フェミニズムに対するバックラッシュということで注目されていますけれども、こうしたことが二〇〇〇年代に生じています。統一教会の関連団体が関わっているのです。

私はこれが本当に疑似的な問題だと思っていまして、政治がやるべきことは、地域の経済や産業をどうするのかということと、本当に家族が求めている社会保障的な支援をどうすべきかということだろうと思います。家庭を教育する——こんなことは必要ないですよ。それにもかかわらず、そういう争点を作り出すことによって、地方の政治家あるいは国会議員が、あたかもそうした政治的な活動をやることが日本のためになっているというような「保守政治」を演じているのではないかと思います。ここが、日本にとって非常に残念なことです。

原　家庭や家族はこうあるべきだという固定観念、イデオロギー、家族はこういうふうにするんだという強い意志を、家の中の誰かが権威をかざしてどんどん推し進めていく。宗教的なものがその背後にあるとするならば、もう本当にそのことによって家族はがんじがらめになるわけですよね。

それで、カトリック教会の場合ですけれども、ひと言で「カトリック教会の信徒」と言いますが、その数は世界で一三億人いると言われておりますし、そうなりますと、もうこれはひとつの同じ宗教と言えるのかというくらい多様なわけです。保守的な考え方の人もいますし、社会派の人もいるのです。

宗教はやはり、神と人との「縦軸」と言いますか、個人と、個人である自分を超越した「大いなる何ものか」との関係性を深化して、歴史の中に刻んでゆくという営みです。その中で、宗教は自分自身のアイデンティティを活かしますし、それと同時に、その恵みを、当然、社会という「横軸」においても、実りとして、皆で分かちあってゆく。この「縦軸」と「横軸」のバランスが非常に重要ですし、その両方を客観性をもって探究してゆくということが求められているように思います。

釈　いずれにしても、原理主義的に宗教言説を振り回す人というのは、宗教の伝統への理解が単純すぎるのだと思います。

宗教の伝統は、八木さんのお話にもあったように、本当に時代によっても変わってきたし、自ら枠組みも変更してきた。そうであるにもかかわらず、ごく一面的に自分の見える範囲が伝統のように勘違いし、それを振り回すというようなところがあります。

イスラムの女性問題に関しても、おそらく地域や文化圏、国や民族の問題もきっとあるんだろうというふうに思います。アラブの人たちの感覚とアジアのムスリムの感覚は違うようですし、アラブのもともとの伝統的習慣をイスラムの教えとして混同する場合だってあるでしょう。実際にお話を聞くと、イスラムって本当に個人個人でスタイルを決めるという感じが強くて驚くこともあります。「私は神様とこのように約束したので、このように暮らしてゆきます」というような面があったりするので、ひと括りにして浅く単純に捉えてはいけないと思います。

その上で、少しお尋ねしようと思ったところですが、ＬＧＢＴＱについてイスラム教徒の内部の意見というか議論みたいなものがあれば教えていただきたいんです。私の友人の当事者などは、やはり「イスラムはちょっと怖い」との印象を持っているものですから、そのあたりを教えていただければと思うんですが。

ＬＧＢＴＱ：Ｌ（レズビアン・女性同性愛者）、Ｇ（ゲイ・男性同性愛者）、Ｂ（バイセクシャル・両性愛者）、Ｔ（トランスジェンダー・出生時に割り当てられた身体の性と性自認が一致しない者）、Ｑ（クエスチョニング・性自認や性的指向が定まっていない者や決めない者）。ＬＧＢＴＱは、それらの頭文字を並べた言葉で、性的マイノリティを表す総称としても使われる。

八木　ＬＧＢＴＱに関しては残念な状態ですね。ＬＧＢＴＱを許容する言説というのは本当に聞いたことがないと言っていいぐらいです。イスラム教徒の社会にも、ＬＧＢＴＱの方はもちろん存在するんですよ。しかし、それを広く議論しようというような動きはほとんどないというのが現状ですね。

釈　考えてみますと、私たちの生物的な性のメカニズムから考えて、男性女性ときれいに二つに分かれること自体が不思議ですよね。性というのは、もっとグラデーションのあるものなので。

そういう意味では一時期あったような、女性が男性を告発するような、あるいは敵対するような、そういった二項対立するような戦略もそろそろ有効ではないと思うんですよ。もちろん、今でもそういう戦略が必要な時があるのは理解しています。ただ、男性の中の女性性もあれば、女性の中の男性性もありますし、ボーダーレスな面もあって、それらを育てることは人間が生きていく上ですごく大事なことじゃないですか。

島薗　日本の宗教界を見渡すと、やはり男性優位が目立つ。仏教界にもそのような傾向があると思われるわけですが、岡田さんはどうお考えですか。

岡田　そうですね。もともとうちの宗派（日蓮宗）は、女性と男性を分けるというような条項がまったくないところですので、「今までは女性で出家したいという人の数が少なかったので」と言うくらいしか理由が見当たらないんです。では、今は女性の出家者がものすごく増えているかというと、台湾のようには増えてはいないんですが、もしそういう傾向が今後生まれてきたとしても、そのときに教団がそれを抑えにかかるかというと、私は「それはない」と言う自信はございます。むしろ、女性の声にもっと耳を傾けたいと考えている教団の人たちの方が多いと思いますね。世の中の信者の半分は女性なわけですから。それはもう今は相当変わったと思います。

原　そうですね。カトリック教会では二〇二一年から全教会的に「シノドス」という動きが起きています。フランシスコ教皇は、この大きなムーブメントを四年がかりでやっているわけなんで

シノドス：シン・ホドス（***sún-*** ＋ ***hodós***）「ともに、道を（歩む）」というギリシア語から派生した造語。一般的には教会会議を意味し、具体的には世界代表司教会議を指す。教皇フランシスコは、現代のカトリック教会を「シノドス的教会」と定義し、二〇二一年からのシノドス第一六回通常総会のテーマを「ともに歩む教会のため―交わり、参加、そして宣教」とすると発表、「ともに、道を（歩む）」の意味を代表司教たちだけでなく教会全体にまで拡大し、世界中の一人ひとりすべての信徒の積極的な参加を呼びかけた。二〇二一年秋から開始されたシノドス準備期間は二年、二〇二三年秋と二四年秋の世界代表司教会議を合わせ、四年間にわたり世界中で開催されている。

すけれども、最も大切にされていることが、「互いに自由に語り合う」ということです。さまざまな決定権が、今までは男性を中心とする権威に集中していたんですけれども、これからは一緒に合意形成してゆく。ともに話し合ってともに決めていく、という部分を促進しています。

世界中でそういった機運が生まれているわけなんですけれども、その場合、女性にとって、自由に発言できるという環境が重要だと思います。「自分が何を話しても安全なのだ」と感じられる環境です。自分は何も傷つけられることがない、何からも虐げられることはないと。そういう全体的な環境の形成がとても大切ではないかと思っています。

互いに自由に語り合う：二〇二三年夏に発布されたシノドス第一六回通常総会の「討議要綱」には、「霊における会話」という「互いに自由に語り合う」方法が提示された。声の大きい人の発言だけで成立するような議論ではなく、すべての人が尊重され、平等に、自由に、自分自身の考えたことを語り、他者の言葉も同じように受け取って聴くための方法。自らの発言がグループの中で受け止められ反映されたと、皆が満足できるような対話の方法を学ぶことがシノドスの中心的テーマであり、そのプロセスが重要視される。

平等性の確保のために

櫻井　このジェンダーの問題、平等性の確保という問題については、私も、教団や宗派の別を問わず急がなくてはいけないという認識を持っています。それをやらないでいるとですね、そもそも宗教家――お坊さんであるとか牧師さん神父さん含めてですね――もう日本人の成り手がいなくなっていくのではないかと思います。ですから、宗教界はこの「宗教二世」問題を含めて宗教に対してもっと魅力を感じるようにしていかないと、若い世代の宗教家の成り手も少なくなるし、信者も減ってゆくしですね、ますます世俗化してゆくのではないかと思います。そして、そうした世俗化の中で、カルト問題がより深刻化していくのではないでしょうか。

島薗　私は「無宗教」という立場で、「宗教二世」ではありませんし、私の場合は、「科学二世」みたいなところがあるんですけれども（笑）。「科学二世」のような人は、自分の中にちょっと空虚感を抱くと言いますか、それで良いのだろうかというふうな思いを感じる場合もありますね。なので、ここは宗教に頑張ってほしいなと（笑）。自分は宗教の中に入ってゆかないけれども、この世界はやっぱり宗教あってこそ、というふうな考え方の人も結構いると思います。
今、「スピリチュアリティ」という言葉が重んじられていて、特定の宗教は信仰しないけれども、自分なりのスピリチュアリティを養いたいという人も数多くいます。そういう方がこの社会に宗教はなくてよいと思っているかというとそうではありません。まさに宗教があってこそ宗教の外で養われるスピリチュアリティも豊かなものになる。そのように思っているところです。

釈　そもそも広い意味での宗教というのは人間の営みの中に必ずあるものですから、やはり眼を凝らしてしっかり考えていかなければならない。ただ、毎日、宗教の現場にいる者の実感から言うと、宗教言説というのはあまり振り回してはいけない。どちらかというと、もう本当に杣道《そまみち》（細く険しい山道）を恐る恐る歩き続けるというくらいでちょうどよいという感じがあります。というのは、歩みを一歩あやまって踏み外すと差別や排除や暴力を生み出す。反対側に踏み外すと今度は単なる習俗に陥るというような、そういう剣ヶ峰を歩くようなところが宗教にはある。そのように思います。

スピリチュアリティ：すべての人に存在するもので、霊性、魂、精神性などと訳され、生きる意味や価値、信念を見出してゆく心。信仰の中で表現され経験されることもあるが、特定の宗教に限定されるものではない。目に見えない超越した存在、神、自然、先祖、縁、死、真理などが、自分につながっている感覚を持つことによって生み出される自らの存在意義や資質。

また、宗教は、ことに制度化されてきた宗教は、各宗教教団もこれまで社会の枠から零《こぼ》れる人や、マイノリティのために、何度も何度も「建て付け」を組み直してきたわけです。その経緯などを各宗教がしっかり自己点検をして、家族やジェンダーという問題に対して真面目に取り組む対話の場を設けるということが必要だと思います。

島薗　どうも、ありがとうございました。

岡田真水さんは、討論参加後の二〇二三年七月九日に逝去されました。
出版化にあたり、夫の岡田行弘さんに寄稿いただきました。

column 岡田真水の軌跡と宗教

岡田 行弘

妻・岡田真水（真美子）は「宗教と家庭・性（ジェンダー）・子ども」をテーマとする第三回の放送に、女性僧侶としての立場から、参加いたしました。しかし、そのわずか五カ月後の二〇二三年の五月末、入院し、七月九日に亡くなりました。六九年の生涯でした。

あまりにも早すぎる死であり、いまだに家族の悲しみは深まるばかりです。「彼女の身近にありながら、病気の早期発見・治療がなぜできなかったのか」という痛切な反省と自責の念は消えることがありません。死者となった彼女は生前よりも強く私に働きかけていて、言葉では表現できない唯一無二の存在となりました。

このたび、追悼文を兼ねたコラムへの寄稿の機会をいただきましたので、夫として、研究仲間として、師僧として、真水の生涯の軌跡と宗教のかかわりについて書き留めます。

京都の熱心な日蓮宗の家庭に生まれた彼女は、いわば「宗教二世」といえる環境にありました。番組の中では、「幼いころから意味のわからないお経を唱えていました。それに反発を感じ、聖書に触れ、教会にこっそり通った時期もありました。しかし、大学時代には仏教の世界に戻り、お寺の嫁になりました」と自らの歩みを振り返っています。そして「このような人生を自分で選んできましたので、結局は、自由に信仰を選択したことになります」と述べています。

彼女の生涯は、次の三つの時代に分けられます。

一．東京大学大学院の印度哲学専門課程でインド仏教説話の研究を専攻、さらに西ドイツのボン大学に留学し哲学博士号を取得する（一九八五年）。仏教説話の文献学的な研究に専心し、神戸女子大学にて哲学・倫理学等の講義を行う。

二．一九九八年姫路工業大学（後に兵庫県立大学に統合）に新設された環境人間学部に移る。新たに「環境宗教学」を創始して、仏教者の視点から環境問題に取り組む。さらにフィールドワーク・地域ネットワーク論等の新たな領域で実践的な活動を展開する。

三．還暦の二〇一四年早期退職し、真水と改名、二〇一五年日蓮宗僧侶となる。それまでの経験を踏まえて仏教学の研究に復帰し、あらたな日蓮学の確立を目指す。

「環境宗教学」の提唱

岡田真美子は仏教文献学の領域で着実に成果を上げていました。しかし、一九九五年一月の阪神淡路大震災をきっかけとして、「今までの自分の専門的な研究は、瓦礫の中でどんな意味を持つのか」と自問することになりました。そのような時、「現代の社会的な要請に的確に対応し、他者との共生を求める」という新しい学部創設の理念に共鳴して、姫路工業大学の環境人間学部に移籍しました。

彼女が提唱した「環境宗教学」とは、環境問題を宗教的な感性でとらえ、自然と人間の関係を研究する学問です。地域の環境を知ろうとする時、その土地の信仰や宗教を見ることは、貴重な手掛かりとなります。また神社仏閣があることで、例えば鎮守の杜の存在によって、開発から周辺の環境や空間が守られているのです。仏教の環境思想として重要なのは、日本の天台仏教で尊重される「草木《そうもく》国土《こくど》悉皆《しっかい》成仏《じょうぶつ》」という言葉です。植物も国土（無機的な環境世界）も成仏するという思想は、人や動植物だけでなく、山・川・海やモノを「いのちあるもの」と受け止める古来よりの日本的な感性・生命観と親近性があります。

「もったいない」の意味

環境問題に取り組む中で、彼女は、「もったいない」という言葉に注目し、繰り返しその意義について語っています。「勿体《もったい》」とは、「そのもの本来が持っている価値」を意味します。その存在の価値が生かされないことが「もったいない」です。ものにも命があると考え、粗末にせず、さらには他者のいのちを大切にする「もったいない」は、古くから日本人が持ってきた宗教的感性であり、ひいては自然環境の保護を心の深層から支えるメッセージであると捉えています。

経済発展を優先し、便利さや効率を求める現代社会において、環境存在は、人間が利用（＝搾取）する資源と見なされます。欲望の充足を追求するライフスタイルを変え、環境への負荷を減らすことは容易ではありません。自然環境を後世に残していくためには、経済至上主義を見直さなければなりません。

環境宗教学の創始者として岡田真美子は、宗教において共通して説かれている欲望の抑制（少欲知足）や分かち合いの精神（利他）に着目し、宗教の提示する倫理観や行動の指針が環境保全に有効であることを柔らかい言葉で語り、また論文やエッセイとして残しています。

東日本大震災と出家の決意

岡田真美子は、二〇一二年、新たな決断を下します。その経緯についてこう語っています。

「姫路で環境宗教学を深めておりましたら、二〇一一年東日本大震災が起こりました。そして再び、私の人生が変わることになりました。あくる年の二月、突然、こんな天の声を聴いてしまったのです――『今生にて出家すべし』。震災の三年後の二〇一四年、定年まで五年を残して大学を退職し、日蓮宗僧侶への道を歩み始めました」

彼女の曽祖父は日蓮系教団の僧でした。明確に意識しないまでも、いつかは僧になりたいという望みを抱いていたのです。僧侶となってからも、研究や講演活動を継続し、仏教説話の研究では、環境の視点を取り入れた新境地を示しています。また現代社会のさまざまな課題に仏教者がどのように対応し、解決策を示すのかというテーマに対して、「女性の出家と成仏について」（共著『現代日本の女性と仏教』二〇一九）、「死刑制度の存廃をめぐる議論と仏教の立場について」（『教化学研究』一一号 二〇二〇）などの論文を残しています。いずれも仏教者としての立場から丁寧に応答しており、誠実で明朗な彼女の人間性が表れています。

男女の平等

岡田真水は、討論の中で「日本の伝統的な仏教教団においては男性優位の傾向にある」という指摘を受け、「もともとうちの宗派（日蓮宗）には男性と女性を分けるというような条項はない」と応えています。彼女は普段から、女性であることによって差別的な扱いを受けたことはないと語っていました。

仏教の「空」の立場からは男女の区別はなく、また『法華経』の経文には、「八歳の龍女がそのままの姿で成仏した」とあります。彼女はこれを根拠にして、「仏教では男女平等が説かれている」と説明しています。これに対し「現状では男女平等は実現していない」との批判や疑問が提起されています。岡田真水は「不平等の実態について論じるのと同じくらい、平等という理想について語り、願望し続けるということには意味があります。現実社会のあり方を変えていくためには、一方で実態分析を行い、改革を訴える必要があり、他方では、仏教の掲げる正義・理想・誓願について繰り返し語ることが求められています。私は後者の務めを果たしてゆきたいと思います」と自らの立場を書き記しています。

岡田真水は幼いころから、仏教にふれ、キリスト教に親近感を抱き、仏教学者となりました。人の心の最も深い部分に働きかけるのは宗教であると考えて、宗教の提示する正義と理想の実現を願い、機会あるごとに語っていました。宗教から多くを学び、他の人と共有することができた彼女の生涯は、幸福であったと思います。

岡田行弘：日蓮宗妙興寺住職。一九五三年岡山県生まれ。東京大学大学院を経て、ボン大学哲学博士（インド学）。神戸女子大学瀬戸短期大学名誉教授、身延山大学客員教授。専門はインド大乗仏教研究。

column　個人と共同体のメカニズムについて考える

釈　徹宗

篠田節子さんの小説『仮想儀礼』（新潮文庫）は、サークル的な小さな教団が次第に暴走していく様を描いています。二〇〇九年第二二回柴田錬三郎賞を受賞しました。優秀な若き元・都庁公務員が、ゲーム会社を解雇されホームレス状態となっていた男に誘われて、宗教教団を立ち上げるストーリーになっています。イエスの方舟や、オウム真理教や、旧統一教会や、法の華三法行など、当時大きな話題となった教団や、社会問題となった教団を連想させる内容を盛り込みながら、「宗教」「教団」「信仰」「社会」「人間」について考えさせられる展開がユニークです。

この小説は二〇二三年一一月から二〇二四年二月にかけて、NHKでテレビドラマ化されました。ドラマでは、原作に加えて、カルト二世問題や、政治と宗教の問題が盛り込まれています（脚本：港岳彦、江頭美智留）。

小説・ドラマ『仮想儀礼』では、小さなサークル的宗教教団が、ドメスティック・バイオレンスや性被害、いじめなどによって苦しむ人たちの居場所となっていく有様が描かれています。家族ゲームから逸脱した人たちで、家庭には居場所がありません。擬似家族となった教団は、やがて立ち上げた二人の男の思惑を超えて、信者たちの暴走へと展開していくのです。

もともと都庁公務員だった教祖は「まっとうなサービス業としての宗教教団」を目指しており、ありがちな「除霊」や「奇蹟」などで信者を誘導しないことを信念にしているのですが、次第に社会とは別の価値（つまりスピリチュアルな言説）を提示していかざるを得なくなっていくあたりが注目です。つまり、宗教は社会からはみ出す領域があるから、人は救われるということです。社会サービスでは救われない人、家庭や社会に居場所のない人が求めるものを提示せねばならない。しかし、それがだんだんと人の手に負えなくなっていくのです。

社会と家庭と個人、そして教団

小説やドラマの『仮想儀礼』に描かれている「小さなサークル的宗教教団の暴走」は、ひとつの縮図であると言えます。同様の構造が巨大教団でも起こり、世界規模の宗教紛争でも起こります。そしてひとつの家庭にも起こるのです。小部分と全体とが相似形であるフラクタル構造みたいなものです。

人類学者の山極寿一さんによれば、社会生活と家庭生活の両方を営むのは人間の大きな特性だそうです。社会と家庭のメリットはしばしばバッティングするので、他の霊長類においてはなかなか両立しないとのことです。確かに社会にとって有益な選択が家庭にとってはデメリットになる場合もあれば、その逆もあり得ます。

我々はそこに「個人と家族」や「個人と社会」の折り合いもつけながら暮らしているわけです。さらに、細かく分類すれば、地域や学校や職場などさまざまなコミュニティにも従属しています。中でも宗教教団というコミュニティは、やはり独特の事情があります。『仮想儀礼』にも描かれているように、宗教教団がもつ価値や理念は、社会のそれに沿っていない面があります。

宗教の道は、世俗の価値だけに生きるのではありません。いのちをかけて求めるものがある、それが宗教です。ここが大切なところではあるのですが、だからといって、世俗と向き合うことをおろそかにしていいわけではない。信仰・信心を軸として、いかにこの世俗を生きるか、常にそこへと立ち返ることが大切で、究極の境地を表現した言葉だけを振り回すと「原理主義的」になります。

自身の信仰や教団を問い続ける

二〇二二年に起こった旧統一教会問題は、「信仰は日常生活を破壊する」「宗教は家庭を破壊する」といったイメージを強くしたことでしょう。そして、宗教がそのような一面をもっていることは間違いありません。

そもそも宗教体系は、救いももたらすのですが、抑圧ももたらします。パターナリズム（強者が弱者の利益になるようにと本人の意思に反して行動に介入すること。家父長主義）も強くなりがちです。性や食に関するタブーや規範もあれば、独特の家族観や男女の役割論も有している場合があります。

ヒューマニズムやフェミニズムや反パターナリズムなどは、脱宗教という方向性の中で社会が育んできた課題です。そして、社会はそれを宗教にも取り組むことを要請します。そういった社会からの要請に対して宗教はどう応えるのか。コアの部分を持続させながら、変更可能なところを変えていく姿勢が重要となってきます。ことに既成教団においては、このような取り組みを「教団にとっての社会的な成熟」と考えるべきでしょう。どこがその宗教の本質にかかわる部分で、どこが枝葉末節なのかを、自ら問い続けるという取り組みです。そもそも宗教思想は、マイノリティに寄り添うために、枠組みを繰り返し変更してきたはずです。

議論の中でも発言していますが、一般に思われているほど宗教はスタティックでもなければ、完成したものでもないのです。宗教の教えや営みは、社会問題と向き合い続けることで、微調整を繰り返し、ゆっくりと変貌していきます。その取り組みこそが、宗教体系自身の自己点検をもたらすのです。

社会からの問いかけと向き合う

しばしば「女性」は宗教体系内でロマン化され、受容性を求められ、それと同時に一方で教団内の権威から抑圧され排除されます。また、「マージナルな性」は、時に聖化され、時に嫌悪されます。人間にとっての「性の問題」は、宗教という方面からのアプローチ無しには、実相へと迫ることはできません。各宗教教団にとっても大変重要なテーマです。

伝統的な宗教教団は、やはり保守的になりがちです。旧来の社会・家族モデルを前提とした教えに固執すると、しばしば偏狭な家族像を信者家族に押し付けることにつながり、時には人間にとって極めて重要な「社会と家族の両方に所属している状態」を壊してしまうことも起こります。「家族と社会との双方に所属し、この二つをでき得る限り両立させていく」ことの重要性を、宗教教団はよくよく考察する必要があるでしょう。宗教コミュニティだけを優先するベクトルが過剰になると、個人・家族・社会の図式が崩れていきます。宗教教団は、「子どもの社会性を奪い、子どもの多様な可能性の扉を閉めてしまうような方向へと信者が突っ走ってしまう教義・教学を構築していないか」という社会からの問いかけを、真摯に受けとめねばなりません。

column　宗教《わたしたち》と教団《あなたたち》

原　敬子

マルティン・ブーバーの著書に『我と汝』（講談社学術文庫）という本があります。宗教哲学は専門外ですが、わたしはこの本が好きで、学生にも読むように勧めています。ここでいわれる「我／わたし」に対して「汝／あなた」は、決して「それ／もの・物事」に還元することのできない、わたしの目の前に対峙する人格的な存在です。ブーバーは、わたしとあなたを結ぶ線の延長に「永遠のあなた」すなわち、「神」との出会いがあると言いました。人間が神と出会うのは決定的に人格的な出会いにおいてなのだと主張します。しかし、わたしたち人間はやむを得ず、永遠の「あなた」を幾度も「それ」に変えてしまう……人格的であるはずの神を「あるもの」とし、「もの」に変えてしまうのです。

さて、現代社会において、わたしたちは、ブーバーの言う人格的二人称「わたしとあなた」で捉えられた宗教的次元を、果たして、実生活において共感し合うことができるのでしょうか。

ここでは、ブーバーの言う「わたし／あなた」の二人称単数の宗教的関係性から、「わたしたち／あなたたち」という二人称複数の宗教的関係性に議論を置き換え、宗教の混迷の時代の中で、どのように切り抜けていけるかを考えてみたいと思います。

二〇一一年三月下旬、東日本大震災で大きな被害を受けた釜石市にあるボランティア・ベースのコーディネーターを引き受けました。そこは古く外国人宣教師によって創立されたカトリック教会でした。その日、カリタスジャパン（教皇に認可されたカトリックの国際NGO組織・国際カリタスの一員。社会的弱者の救援活動や社会活動を行う。本部・東京都江東区）から依頼され、釜石市のその教会に派遣されました。教会の司祭と信徒の方々を説得し、ベースの開設許可をいただき、日本全国から被災地へとやって来るボランティアを宿泊させ、的確なボランティア活動を運営するというのがわたしのミッションでした。

開設してほどなく、ベースでのボランティアたちの共同生活が始まりました。コーディネーターとして、朝の食事からミーティング、その日の活動を整理し、各々の活動場所に送り出し、ベースを整え、一日の活動を終えたボランティアたちを迎え、夕食、そして、夜のミーティングをし、一日の振り返りをリードする……その繰り返しの日々でした。仙台で受付を済ませたボランティアたちは次から次へとわたしたちのベースに到着しました。日毎にその数も増え、現地の悲惨な状況とは対照的に活気がありました。

わたしは夜のミーティングの始めに、当たり前のように沈黙の祈りを皆に促しました。活動した一日をまずは一人ひとり沈黙のうちに振り返っていただく。今日、何を見たか、何を聴いたか、どのような出来事や人びととの出会いが記憶に残っているか……この静かな沈黙の時間ののち、グループでのミーティングに入ってもらいます。開設当初は人数も少なく全体のミーティングで十分でしたが、人数が多くなってくるといくつか小グループに分かれ、話し合ってもらいました。話し合いの後、全体会を行い、次の日のための申し送り等を確認しました。

ボランティアたちは宿泊場所が教会だということでこのような沈黙の祈りを受け入れてくれたのでしょうか。日本全国からやって来たボランティアの多くは一般の人びとで、キリスト信者だという方が少なかったのです。考えてみれば、わたしは一介の修道者に過ぎず、災害ボランティアやコーディネーターの養成も受けたことがなかったのに、よく志願したものだと思います。また、突然のこととは言え、よく派遣されたものだとも思いました。怖いもの知らず、善意のボランティアたちに支えられ、ベースは運営できました。

おそらく、わたしは度々「わたしたちは」と言っていたのでしょう。ある日のミーティングで、ボランティアの中のひとりから、「あなたが言っている『わたしたち』とは誰のことですか？」と質問されました。寝耳に水でした。わたしは咄嗟に、『わたしたち』とは（その人とわたしを指差して）、わたしたちのことですよ」と、少々強めに答えました。あれから一三年も経っているというのに、いまだにその場面が鮮明に脳裏に蘇ってきます。この一三年間、何度もそのことについて考えてきました。

あの日、わたしは、大震災による甚大な被害を受けた釜石市の方々、亡くなられた方々、生き残ったとしても苦しんでおられる方々、そして、このベースに宿泊しているボランティアたち、教会の方々、つまり「今、ここ」にいるすべての人とこの「わたし」をひっくるめて「わたしたち」という主語を用いて語ったのです。あの日の突然の質問にこのように応答しましたし、今も、そういう思いであったと信じています。いや、それ以上かもしれない……そこで申し上げた「わたしたち」という横軸の延長は、もしかしたら釜石市を越え、東日本大震災の全域、南北およそ五〇〇キロメートルという海岸線の幅まで表現しようとしていたかもしれない。あの全域において、とんでもない災害で、とんでもない苦しみに見舞われている全員となぜかここに生き残ってしまったわたしを合わせたひとつの総体として、わたしは「わたしたち」と言いました。それくらい必死だったのです。教会をベースとしながらも、もう、場所が教会であることも忘れていたくらいです。

にもかかわらず、質問された方にとって、わたしは「彼にとってのわたしたち」のひとりに含まれてはいませんでした。わたしはその方にとって「あなたたちカトリック教会」という教団のひとり。その方にとっての「わたしたち市民ボランティア」と「あなた」、つまり「教会のボランティアのわたし」との間には越えがたい境界線があったのです。

わたし自身のような宗教者は市民として「わたしたち」という言葉は使用できないのでしょう

か。そう思うことは傲慢なのでしょうか。その方の「わたしたち」になるためには、教会の一員であることを脱ぎ捨てなければならないのでしょうか。

東日本大震災から一三年が経ちました。二〇二四年の正月には、令和六年能登半島地震も発生しました。地震が頻繁に起こり、日本という島国の特殊な自然被害を「わたしたち」は否応なく経験しています。人間として、人格的出会いの根底において、耐え難き悲劇の中をどのようにして、ともに生きていくことができるのでしょうか。

ブーバーの『我と汝』が示すように、「わたしとあなた」という二人称単数、人格的な関係性は決して「それ」三人称の関係性に還元することはできない決定的なものです。

しかし、ここで、「わたしとあなた」の関係性は「わたしたち」という協働の場をも生成するのだということを思い起こしたいのです。もちろんその前に、「あなた」の置かれた現実をないがしろにはできません。もし「あなた」が「あなたたち」と言えるような強い結束力をもつ共同体に属しているなら、共同体の透明性や公共性が問われます。

自らの真理をかざして尊大な態度を取ってはいないでしょうか。

自らの集団の拡大と存続に執着していないでしょうか。

共同体内の狭い損得勘定に囚われてはいないでしょうか……

もし、わたしが、特別な人にしか知り得ない「宗教」を信じているのなら、わたしは公共空間で市民権を得ることは到底できないでしょう。さらに言うなら、わたしの属する特別な「教団（外の人にとってのあなたたち）」は、「宗教（外の人にとってのわたしたち）」とも言えないはずです。それほどまでに宗教は、謙虚に、公共空間における「わたしたち」を生成するための縁の下の力持ちとなり、祈り続ける使命があります。そのようにして宗教は太古の昔から人類とともに存在してきました。

教団は心してこのことを知らねばならないでしょう。人びとに「わたしたち」のひとりとしてもらえるように。

column　イスラムは性役割をどう論じるか

八木　久美子

イスラムには、女性を差別する宗教というイメージがあるかもしれません。これに対してイスラムの側からは、差別ではなく区別だという反論があるでしょう。その背後にあるのは、男性と女性は異なる能力をもつのだから、それに応じて、それぞれに異なる義務と権利がある状態こそ真の平等だという論理です。

これはイスラム固有のものではありません。こうした論理は、イスラムの規範とは縁遠い日本社会にも潜んでいます。

次第に変わってきているとはいうものの、結婚したときに姓を変えるのは女性、育児休暇を取るのは女性、という暗黙の了解はしぶとく残っています。政治の世界に目を移すと、二〇二三年に久々に女性の外相が誕生した際、その活躍への期待を表明する言葉の中に、「女性ならではの」という一言が入っていました。その背後には、政治は男の世界、女性の外相は例外、という了解があることを示します。

性役割がとりわけ「問題」として浮上するのは、性に基づく規範に従うことが何ものかに強制され、さらに変更・修正を求めることができない状況にあるときではないでしょうか。

イスラムの場合はどうでしょうか。まず確認しておかなければならないのは、イスラムという宗教は、政治や経済を含め、すべての領域に関わるという意味で、包括的な性格をもつという点です。人間の行いすべてについて、イスラムの教えに従い、より正しい方向に向かわせようとする力学が常に働いています。イスラム法とは、イスラム教徒として正しく生きるための行動規範と考えてよいでしょう。宗教とは精神的な救済を与えるもの、心の中の問題だと思われるかもしれませんが、信仰をもつことが行為、行動にまったく現われないのであれば無意味だ、という考え方もあるはずです。

これが一人ひとりの人間の問題、たとえば何を食べるか、何を着るか、どのように礼拝するか、などであれば、時代を超えて教えを守り続けることは難しくはないかもしれません。しかしながら、社会のありようというレベルでは話が違ってきます。明治の日本でもそうであったように、イスラム教徒が多数派を占める国々でも、近代化が焦眉の急となったのです。一九世紀末あるいは二〇世紀の初頭、近代化を成し遂げた例は西洋にしかなかったので、近代化の試みは必然的に、西洋化、そして世俗化と重ねられることになります。

西洋の文物、思想、制度が次々と取り入れられていきました。近代国家として生まれ変わるために、法の世界も西洋の例に倣ったものへと様変わりしていきます。その社会の成員として生きる上で最低限のルールが、イスラムとは無関係なものに変わったとき、なぜそれを守らなければならないか、人々が理解に苦しんだことは想像に難くありません。

ただ、そうした大きな流れの中でも、イスラム教徒が多数派を占める国々では、結婚や離婚、子の監護、遺産相続など、個人の身分にかかわる領域においては、伝統的なイスラム法がほぼ手つかずで残されました。これらは「身分法」と呼ばれることが多いですが、日本語では「家族法」と言った方がわかりやすいかもしれません。この領域は、たとえば外交、通商といった領域と比べると、外の世界との関わりが少ないため、変化を求める外圧が少なかったとも考えられます。また別の角度から見ると、ひとりの人間の一生、家族の問題に直結することであるだけに、人々の間に変化への反発が強かった可能性もあります。

どちらにせよ、この領域にのみ、イスラム法がほとんど手つかずのまま生き残ったという事実は、重い意味をもちました。というのは先述した通り、イスラムは政治にも経済にも正しさを求める宗教であるにもかかわらず、まるで個人の身分にかかわる領域こそがイスラムの領域であるかのように見える状況が生まれることになったからです。夫は妻を扶養する義務を負い、妻は夫に従う義務を負う、といった見方が——西洋的、世俗的ではない、という意味で——イスラム的な価値を象徴するかのようになります。そしてこの領域に大きな変更を加えることは、近代化・西洋化・世俗化に抗して生き残ったイスラムの最後の砦に手をつける危険な真似であるかのように感じられるようになったわけです。

だからといって、イスラムの信仰をもつ人々は沈黙しているだけ、ウラマーと呼ばれる宗教指導者のいうことに黙って従っているだけかというと、そうではありません。確かにウラマーは人々の尊敬を集めています。人々がさまざまな問題について、ウラマーから助言を得るのは日常的なことです。しかしながら、ウラマーは厳密な意味での聖職者ではなく、一般信徒とは明確に区別される特別な力をもっているわけではありません。異端と疑われる人を裁きにかけることもなければ、イスラムの教えに反したという理由で誰かを「破門」する力もありません。彼らの役割は助言をすることであって、最終的に判断をするのは一人ひとりの信徒です。

確かにイスラムの最後の砦という意味を帯びてしまった「身分法」を問い直すことは難しい作業かもしれません。しかし、不可能ではありません。イスラム法解釈の歴史を振り返ると、社会の変容、人々の置かれた状況の変化につれてゆっくりと変化してきたことがわかります。コーランは神の言葉であり、その意味において永遠不変であっても、それを解釈し、規範を導き出すのは人間です。それを考えれば、変化は当然ではないでしょうか。イスラム法を捨てるべきだというのではなく、時代に合わなくなった解釈に手を加えるべきだという発想は大いにあり得ます。

さらに注目をしたいのは、地域によってばらつきはあるものの、イスラム法解釈の世界で女性たちが活躍を始めたという事実です。

二〇世紀の中葉までは、イスラム法学者と言えばすべて男性でした。しかし現在では、女性のイスラム法学者はそれほど珍しくはなくなっています。これまで、ひたすら男性の視点に立ってコーランが解釈されてきたことを問題視し、コーランの再解釈を試みる女性たちも注目を集めています。

イスラムは女性を差別する宗教か否か、という問いは意味がありません。

重要なのは、コーランを神の言葉であると信じ、自らが生きる状況の中で、その真意をくみ取ろうと人々が真剣に考えているという事実です。女性も、そして男性も、イスラムという宗教を手がかりに自らの生き方を問うのです。イスラムは、進むべき方向を見出すための羅針盤といえるのではないでしょうか。

写真提供：NHK

【「こころの時代」放送記録】 第1章

シリーズ徹底討論　問われる宗教と〝カルト〟③「宗教と家庭・性・子ども」

【放送】NHK Eテレ　2022年12月25日(日)5:00-6:00／12月31日(土)6:35-7:35

【収録】2022年12月4日(日)　NHKスタジオ413

【制作統括・チーフプロデューサー】鎌倉英也

【テクニカルディレクター】谷口浩司　【VE】中村龍介

【撮影】桜井勝之　高村幸平　日昔吉邦　浅野康治郎　松本恭幸

【照明】内藤 宏　中西忠義　【映像技術】伊東大貴

【音声】名塚真人　河村晃治　姉川英明　小木曽美乃里

【美術セットデザイン】室岡康弘　【美術プロデューサー】唐木怜子

【美術進行】矢野馬雅子　【大道具製作】仙波正日呂　【装置進行】田中 亮

【道具操作】佐藤栄一　【電飾】山口健介

【美粧】佐藤なおこ　長沼佐枝子　【制作デスク】平位 敦

【フロアーディレクター】浅井靖子　松本拓朗　林原摂子　本多真弥

【語り】礒野佑子　【編集】岡田圭市　【音響効果】梅津祐那

【ディレクター】矢部裕一

【制作担当】NHK第2制作センター（文化）「こころの時代」班

第Ⅱ章　「信教の自由」と法規制

島薗　進
金塚彩乃
小原克博
駒村圭吾
櫻井義秀
田中優子

駒村圭吾（こまむら けいご）
1960年東京都生まれ。法学者。憲法学。慶應義塾大学法学部教授。ハーバード大学ライシャワー日本研究所憲法改正研究プロジェクト諮問委員会委員。博士（法学）。慶應義塾大学法学部卒、同大学院法学研究科博士課程修了。慶應義塾高等学校長、慶應義塾常任理事、全国憲法研究会代表を歴任。『憲法訴訟の現代的転回』（2013）、『「憲法改正」の比較政治学』（共著2016）、『戦後日本憲政史講義』（共著2020）、『主権者を疑う』（2023）など。

櫻井義秀（さくらい よしひで）
1961年山形県生まれ。宗教社会学者。北海道大学大学院文学研究院教授。日本宗教学会常務理事。「宗教と社会」学会常任委員。日本脱カルト協会顧問。専門は比較宗教社会学・東アジア宗教文化論・タイ地域研究・ウェルビーイング研究。『統一教会 日本宣教の戦略と韓日祝福』（共著2010）、『統一教会―性・カネ・恨から実像に迫る』（2023）、『信仰か、マインド・コントロールか―カルト論の構図』（2023）。『明解　統一教会問題』（2024）』など。

田中優子（たなか ゆうこ）
1952年神奈川県生まれ。江戸文化研究者。比較文化研究。エッセイスト。批評家。法政大学名誉教授。江戸東京研究センター特任教授、法政大学社会学部教授、社会学部長、総長を歴任。専門は日本近世文化・アジア比較文化。研究領域は江戸時代の文学、美術、生活文化。2005年度紫綬褒章。『江戸の想像力』（1986・芸術選奨文部大臣新人賞）、『江戸百夢』（2000・芸術選奨文部科学大臣賞・サントリー学芸賞）、『江戸から見ると』（2020）など。

第Ⅱ章◈討論参加者

島薗　進（しまぞの すすむ）

1948年東京都生まれ。宗教学者。東京大学名誉教授。上智大学大学院実践宗教学研究科研究科長・特任教授、同グリーフケア研究所所長、同モニュメンタニポニカ所長を経て、現大正大学地域構想研究所客員教授。『現代救済宗教論』（1992）、『スピリチュアリティの興隆―新霊性文化とその周辺』（2007）、『国家神道と日本人』（2010）、『現代宗教とスピリチュアリティ』（2012）、『新宗教を問う』（2020）、『戦後日本と国家神道』（2021）など。

金塚彩乃（かねづか あやの）

1978年東京都生まれ。弁護士。14歳の時に家族でフランスに渡り、パリの現地校で学ぶ。東京大学法学部卒業（2003）。弁護士登録（2004）第二東京弁護士会所属。パリ弁護士会登録（2007）。現在、日本で唯一のフランス系法律事務所であるＬＰＡ法律事務所外国法共同事業のパートナー弁護士として活動。日本でも立法が検討されたフランスの法律「反セクト法」にも実務の弁護士として精通している。2013年フランス国家功労賞。

小原克博（こはら かつひろ）

1965年大阪府生まれ。宗教学者。日本基督教団牧師。同志社大学学長。神学部教授。良心学研究センター長。同志社大学大学院神学研究科博士課程修了（1996）。博士（神学）。専門はキリスト教思想、宗教倫理学、一神教研究。『宗教のポリティクス―日本社会と一神教世界の邂逅』（2010）、『ビジネス教養として知っておきたい 世界を読み解く「宗教」入門』（2018）、『一神教とは何か―キリスト教、ユダヤ教、イスラームを知るために』（2018）など。

旧統一教会問題から考える法と政治

島薗　皆さん、こんにちは。安倍元首相銃撃事件を契機に、旧統一教会の人権侵害が甚だしかったことが明らかになってきたわけですが、それ以前にも多くの被害者を生み出していたにもかかわらず、それが問われるようなことがなかった、あるいは不十分にしか規制がなされてこなかったということがあります。なぜこういうことが起きてしまったのか。それを考える上では、宗教についての法規制、つまり、宗教についての法的政治的制度の問題があると思われます。制度上に何か不備があったのではないかということも含めて、諸外国とも比較しながら考えてゆかなくてはならない。そういう問題があります。

これはしかし、宗教団体や信仰の自由を大切にするという立場からしますと、「宗教の自由」、これを「信教の自由」と言ったりしますが、これは憲法にも規定されていることであり、大変重い意味があるものです。とすれば、そのことと人権侵害が起こることについて、どのように考えを詰めてゆけばいいのだろうか、という難しい問題があります。またこれは、そもそも宗教と人権という問題にも関わってくると思います。

今日はそのような問題について、どうアプローチしてゆけばいいかということについて討論していけたらと思っております。

金塚　私は現在、弁護士として東京でフランス法を専門に扱っております。フランス法を専門にする者として、フランスのいわゆる「セクト規制法」が今回注目を浴びているということで、そのことについてお話させていただこうと思います。

その前に、まず私自身の体験を少しだけお話させていただきます。

私は一四歳からパリの学校に通っておりました。フランスには厳格な政教分離があるために、学校では宗教教育というようなものはありませんでしたが、やはり日本とフランスでは大きな溝を感じることがありました。高校三年生になると必修で哲学の授業があります。その哲学の授業では、哲学を論じるだけでは不十分で、やはりキリスト教を乗り越えたものとしての哲学といった観点で論じることが要求されました。

セクト規制法：「人権及び基本的自由の侵害をもたらすセクト的運動の防止及び取締りを強化するための二〇〇一年六月一二日法律二〇〇一―五〇四号」を正式名称とするフランスの法律。人権を侵害する団体の違法かつ悪質な活動に一定の制限をかけるために制定された。「セクト」とは一般的概念の「カルト」に近く、「カルト」が宗教分野だけに留まらないように、同法の対象も広範囲に及び、特定の宗派や宗教団体に限定するものではない。

信じるにせよ信じないにせよ、生まれた時からの環境で、神様という存在が自然と意識の中にあるクラスメイトが論じる宗教の批判的検討は、日本で生まれ育って後から西洋的な神を学ぼうとする私ができる検討とは異なっていて、そこに周りの友だちと私の間に乗り越えられない何か溝のようなものを感じました。そもそもが非常に違う。宗教に対する感覚が違う日本とフランス。この現実を前にフランス法を語るとしたら、どのような意味が日本社会にあるのだろうかということを日々考えておりまして、そのようなことを議論できたらと思っております。

櫻井　私は最近、自分の専門が「比較宗教社会学」という領域であることをアピールしようと考えておりまして。と申しますのは、宗教というのは、さまざまな宗教あるいはいろいろな地域の宗教を比較しないとなかなかわからないのではないかと思うのです。仏教も、日本の仏教だけじゃなくて大陸の仏教、東南アジアの仏教と比較して、はじめて日本の仏教の特徴がわかってくるということがあります。

もう一方では、統一教会の研究を三〇年くらいやっているのですが、統一教会あるいはカルト視されるような宗教団体の活動を規制してほしい、そういう法律を作ってほしい、という声は当初からあがっておりました。実は、私はそれはやはり難しいのではないかとずっと言ってきました。しかし、この半年、そのような声がさらに大きくなっています。被害者がいる、「二世信者」

の人たちが法律的な規制を求めているという、そのような声は受け止めつつも、やはり規制しすぎることの弊害は、東アジアのレベルでも東南アジアのレベルでも、やはりあるんです。
そういうところをしっかり見ていかないと、性急に法律的な規制あるいは政治的なイニシアチブをもって、特定の教団に対してさまざまな措置を取るということが必ずしも良い結果を生まないのではないかと思っていますので、そのためにいろんな議論をしてゆくことが大事ではないかと思っています。

駒村　私は慶應義塾大学の法学部で憲法を教えております。今日のテーマに関する私の個人的なバックグラウンドをちょっとだけお話させていただきますと、私が大学で勉強していた一九八〇年代の中頃は、教養課程がある横浜の日吉の駅を降りますと大きな並木道がございまして、そこで統一教会系の学生団体と革新派の学生団体が小競り合いを起こしているという、そういう風景を思い出します。もちろんそれは多数派ではなく、大学全体が騒然としているというような状況でもなく、大半の学生は無関心ではあったんですけれども、この統一教会の問題というのは、私が若かった頃の原風景のひとつになっておりますし、その意味で非常に関心を持っております。
私は憲法学者なのですが、法学というのは概念の定義がとても重要な学問です。ある概念定義を行って、そこからパラフレーズされるさまざまな法命題の下で、これを事実に当てはめ、ある一定の効果を発生させるという営みなんですね。

ところが今日、おそらくこれからお話される議論の中では、この概念の確定自体が大変難しい論点が次々出てくると思うんです。例えば、宗教的行為が違法行為に転ずるのはどういう場合なのか。宗教と思想、信仰と思想、宗教と習俗と儀礼の違いは何か、という問題においては、これらの概念を明確に定義できないこともあるのではないかということです。

実は、定義できないということ自体が宗教の自由を守ってきたという面もあるんですが、定義ができないがゆえに、これらの概念区分が曖昧になり、さまざまな不協和音を起こしているというところも同時にありますので、これは法学者にとって悩ましい問題が今日は展開されるのではないかと思っています。皆さんのご意見を伺い、私も意見を申し上げる中で、ヒントをいただきたいと思っております。

小原　私は、同志社大学でキリスト教神学を中心に、一神教などの宗教を研究しております。

私も、駒村さんが今言われていたように、やはり学生時代の風景として統一教会がキャンパスでいろんな活動をしていた記憶がありますが、それが二一世紀になってから、いったん目の前から光景としては消えていくんですよね。ですから、この問題はもう沈静化したのかなと錯覚していた時期もありました。しかし、実際にはそうではなかったということがあとでわかってきました。

私自身、今回の安倍元首相の銃撃事件以降に考えてきたことがいくつかあるんですけれども、そのひとつは、この事件以降、マスコミも政治家も今まで忘れてきたことすら忘れてしまって、何か前のめりになって問題解決を急ぎすぎているのではないかという懸念です。多くの人が関心を持つようになったことはよいのですが、結論を急ぎすぎているのではないか。

そのような中で、研究者としてできることは何なのだろうかということを自問すると、やはり長い視点で問題をとらえることではないかと思います。たとえば、宗教と社会、宗教と国家ということを考えるときに、安倍元首相の銃撃事件以降の文脈とか一九八〇年代以降だけの問題ではなく、日本の近代史、さらに言うならば江戸時代以降、日本では宗教とそれを統治するものがどういう関係にあったのか。そのような議論をする中で、正しい位置づけが可能になるのではないかと考えています。

田中　私の専門は、江戸時代を中心にした日本の文化なのですが、日本の文化から見ると、日本というのはそもそもの国の成り立ちのところから宗教がずっと関与してきました。しかも、さまざまな政権が宗教を利用してきたという歴史があるんですね。それがもう現在に至るまでずっと続いてきたのではないかと考えています。この統一教会問題というのは、実はそういう日本の国の成り立ちと何らかの関係があるのではないかという問題意識を持っています。

もうひとつはですね、「日本人にとって信仰って何なんだろう」ということを、江戸時代を研究していると考えてしまうんですね。江戸時代の人たちというのは、全員がどこかの寺の檀家なんですよ。制度上そういうふうになっている。そうすると、それが生活文化の一部になって生活の中に非常に深く浸透していきます。

例えば、キリスト教信者が大変増えた時期がありました。そして、そのあとは「隠れキリシタン」になったわけです。二三〇年間という歳月、キリシタンの方たちは信仰を隠していたんですね。しかし、明治六（一八七三）年に禁教が解放されたあとに彼らが晴れてカトリック信者になったかというと、ほとんどならなかったということがありまして、それがどうしてかを考えると、信仰というものが生活文化の一部になっていて、もはや信仰ではなかったんじゃないかと思うわけです。

けれども一方で、日本人は、たとえば仏壇の前で、あるいは社の前で手を合わせるわけですよ。その手を合わせるという瞬間には、やはり日常の向こう側にある自然と一人ひとりの心の中の深いところとが呼応し合う。そういう瞬間があるんですね。そうすると、そのことはとても大事なことで、その大事なことと宗教団体という関係は一体どうなっているのかと。やはり宗教団体はそういう大事な瞬間というものを奪ってはいけないと思っています。そういう観点からお話ができるのではないかと思います。

宗教問題に法は有効なのか――「宗教法人法」と「法人寄附不当勧誘防止法」

小原　この宗教にかかわる一連の事件や変化をどのように受け止め、解決していったらいいのか。そのために、今回は「法」を関係づけて考えていきたいと思うのですが、これからの討論の進行を私がさせていただければと思います。

そこで、まずは櫻井さんから、現行法として存在する「宗教法人法」と被害者を救済するためにできた新しい法律などを見据えながら、私たちがこの問題を考える際に留意すべきことを伺えればと思います。

はじめて行使された「質問権」

櫻井　この半年の間に統一教会問題に端を発するこの種の問題をどのように解決したらいいかと

宗教法人法：信教の自由を尊重し、宗教活動の自由を保障するため、宗教団体に法人格を与えることで法律上の能力を持たせることを目的とした法律。宗教団体が礼拝施設などの財産を所有、維持運用し、宗教上の目的を達成するための業務や事業を運営することに資するもので、一九五一年に制定された。

いうことで「宗教法人法」を活用しながらですね、宗教法人として疑問を持たれるような活動があった場合、これに対して「質問権」を行使するということが進められてきたわけです。
しかしながら、その「宗教法人法」というのは、あくまでも宗教法人、宗教団体に対して法律上の能力を与えることを目的とした法であって、宗教団体を統制するとか管理するということを目的としていません。「質問権」というのは、「宗教法人法」の最後の部分に「第七十八条の二」という条文があるのですが、そこに出てくるわけです。

所轄庁は、宗教法人について次の各号の一に該当する（著しく公共の福祉を害すると明らかに認められる行為をしたこと、宗教団体の目的を逸脱した行為をしたことなどの）疑いがあると認めるときは（中略）当該職員に当該宗教法人の代表役員、責任役員その他の関係者に対し質問させることができる。

（「宗教法人法」第七十八条の二）

櫻井　これは、オウム真理教事件をきっかけとして「宗教法人法」が改正され、「質問権」を行使できるとしたのですけれども、しかし実際は一度も行使されてきませんでした。そのため、この「質問権」を行使する基準であるとか、どのように進めていったらよいのかということをさらに専門の委員会などを作って決める必要があるということで、この手続きにはずいぶんと時間がかかっているのです。

しかし、この「質問権」を行使してから現在（二〇二三年三月三日）までに三回、これからまた四回目を行使するということになっているのですけれども、統一教会側からさまざまな管理運営、献金に関しての情報を集め、問題がないかチェックし、そして、これは岸田首相が言っているわけですが、刑事・民事を含む法令違反があった場合、それによって宗教法人の目的にかなう

オウム真理教事件：一九八九年に発生した「弁護士一家殺害事件」（オウム真理教による被害を追及していた横浜市磯子区の坂本堤弁護士と妻子の三人をオウム真理教幹部が殺害）、一九九四年の「松本サリン事件」（長野県松本市の住宅地に猛毒のサリンを散布し、市民八人が死亡、約六〇〇人に重軽傷を負わせた）、翌九五年の「地下鉄サリン事件」（東京都内の丸ノ内線、日比谷線、千代田線の地下鉄列車内にサリンを撒き、死者一四人、負傷者六〇〇〇人超を出した無差別テロ）など、オウム真理教（麻原彰晃教祖）が起こした一連の犯罪、事件のこと。

「質問権」を行使：文部科学省は二〇二二年一一月以降、七回にわたって旧統一教会に対し「質問権」を行使する傍ら、一七〇人を超える被害者などへのヒアリング調査を進めた。その結果、教団の「組織的不法行為」の証拠が揃ったとして、二〇二三年一〇月一二日に「解散命令請求」を決定。東京地裁が非公開で審理を開始した。東京地裁が解散命令を決定または却下後、不服がある側は東京高裁に抗告でき、さらに高裁の判断にも不服がある場合は最高裁に特別抗告が可能。教団側が解散命令を受諾すれば、宗教法人の資格が失われる。

活動をしていない、公共の福祉を害することが著しいということになったときに「解散命令請求」も含めて検討するということ――このように進行しているのが、「宗教法人法」という既存の法の活用だと思います。

もうひとつの動きとしては、新法の制定があります。この新法は、「法人等による寄附の不当な勧誘の防止等に関する法律」という名称で、現在はこれを縮めまして、「法人寄附不当勧誘防止法」とされていますが、当初は「被害者救済新法」と呼ばれていました。政治家もそのように呼び、メディアもそのように報じていたわけです。

つまり、この新法を作ることによって、統一教会による被害――金銭的な被害もありますし、「二世信者」の問題も含めてですね――これを解決する、救うことを目的としていたわけですが、実際のところはこれがなかなか難しいということがわかってきました。この新法の中身としては、これは宗教法人に限らないですけれども、法人が寄附をお願いする場合は、お願いされた側の自由な意思を侵害することなく、その人の生活を困難にすることがないように十分配慮しなければならないという「配慮義務」が設けられました。

「配慮義務」で問われたマインド・コントロール

一、寄附の勧誘が個人の自由な意思を抑圧し、その勧誘を受ける個人が寄附をするか否かについて適切な判断をすることが困難な状態に陥ることがないようにすること。
二、寄附により、個人又はその配偶者若しくは親族（中略）の生活の維持を困難にすることがないようにすること。
（「法人寄附不当勧誘防止法」第三条）

櫻井　この「配慮義務」については、私は評価に値すると思っています。信者になったあとに献金とか寄附をお願いされるということがありますので、宗教的な布教行為や勧誘行為においても、勧誘される側の信教の自由を侵害してはならないということが明確に言えているということで、これは評価に値すると考えます。

具体的には、禁止事項が六つほど設けられまして、勧誘される側がその場から立ち去りたいと言っているのをとどめることはできない、あるいは勧誘される側を畏怖困惑させるような言辞を弄してはいけない、というような内容が書かれています。そして、「霊感商法」や、あるいは「霊能」を用いて相手の不安を煽るような言い方に対しては、これは禁止すると明確に謳っています。このような禁止事項を掲げて、勧誘もしくは献金の強要などがあった場合、それは取り消し可能であるということを明確にしているわけです。

法人等は、寄附の勧誘をするに際し、次に掲げる行為をして寄附の勧誘を受ける個人を困惑させてはならない。

一、（略）

二、当該法人等が当該寄附の勧誘をしている場所から当該個人が退去する旨の意思を示したにもかかわらず、その場所から当該個人を退去させないこと。

三、四、五、（略）

六、当該個人に対し、霊感その他の合理的に実証することが困難な特別な能力による知見として、当該個人又はその親族の生命、身体、財産その他の重要な事項について、そのままでは現在生じ、若しくは将来生じ得る重大な不利益を回避することができないとの不安をあおり、又はそのような不安を抱いていることに乗じて、その重大な不利益を回避するためには、当該寄附をすることが必要不可欠である旨を告げること。

（「法人寄附不当勧誘防止法」第四条）

櫻井　この新法の課題についてあげますと、それは自民党と野党の立憲民主党や日本維新の会との争点にもなっていたのですが、「マインド・コントロール」という文言を入れ込むかどうかという問題がございました。

この禁止事項の条文においては、「マインド・コントロール」という言葉は使っていないけれども、実際に裁判の中で「畏怖困惑させる」とか「欺罔《きもう》する」とかですね、そういうマインド・コントロールの中身にはなっているのです。しかし、被害者の方や野党側が主張していた「マインド・コントロール」というのは、もう少し大きいレベルのマインド・コントロールです。

一般の方が信者になる、あるいは、その信者の方が献金するプロセスの中で、いつも彼らが欺罔され畏怖困惑させられているかといいますと、実はこれは初期の段階なのですね。今まで、この段階に関しては、裁判でも損害賠償が認められてきたわけです。ところが、いったん信者になってしまうと、その都度のプレッシャーを感じなくなりまして、皆さん気持ちよく――何と言いましょうか――抗うことなくお金を出してゆく。これについては、裁判においても、その人の自由意思によって献金してきたのであるから、というようなことで損害賠償の対象にはなってこなかったわけです。

ですから新法の中に、「マインド・コントロール」という言葉を盛り込むことによって、信者になる最初の段階でマインド・コントロールされた場合は、その後も一貫してマインド・コントロールされている状態とみなし、献金の全額を取り戻す、ないしは返還させることができるような法の構成にしたいと被害者や野党は主張したわけですが、それが認められなかったということです。これは、ひとつ大きな論点になるのではないかと思っています。

さらに、この法では「二世信者」に対する支援救済が足りないと言われたこともありまして、二〇二二年一二月二七日、厚生労働省が、「宗教の信仰等に関係する児童虐待等への対応に関するQ&A」というものを示しまして、いろいろな教団に「二世信者」の方がいらっしゃいますけれども、身体的な虐待、心理的な虐待、性的虐待、ネグレクト、こういうことがあった場合は、宗教的な背景の有無にかかわらず、行政の窓口や児童相談所などが虐待の案件として対応するように、という指針を出しました。

その意味におきまして、約半年の間にですね、既存の法を使って宗教法人の適格性を検討することが始められました。

宗教の信仰等に関係する児童虐待等への対応に関するQ&A：二〇二二年一二月、厚生労働省によって全国の自治体に対して通知された行政文書。児童虐待の定義や、宗教の信仰等を背景として生じる可能性のある児童虐待の事例を列挙して一問一答形式で詳細な対応策を示すとともに、高校生の修学支援や大学への進学支援、生活困窮者や心のケアが必要な人を支援するための窓口の情報なども盛り込んだ。

さらに、新法を作り、法人の布教行為や献金行為について基準や規制を設け、「二世信者」の問題に関しても、ある程度その対応の指針を示したことで、統一教会の問題を三〇年間見てきた者としましては、格段の進歩と言うべきではないか、しかしそれでも不足はある、と指摘しておきたいと思っております。

小原　現状で私たちが考えるべき法に関する問題を的確にまとめてくださいました。これをどう評価するかというところは、おそらく意見が分かれると思いますが、まずは、弁護士として法廷の場にも立たれる金塚さんは、この新法の制定についてどのように見ておられますか。

ピンポイントすぎる「法人寄附不当勧誘防止法」

金塚　この新法ができるまでのスピードは本当に早かったと思います。これができたということ自体は確かに非常に大きな進歩だと思います。ただ、実務家の立場からすると、正直なところ、果たしてこれをどうやって使うのか、ということがあまり見えてきません。

おそらく今後、裁判が起こされていったときに、裁判所との間でさまざまな工夫がなされて実効性のあるものになっていくとは思います。といっても、法文を見ますと、個人の自由な意思の抑圧をしてはならないということや、寄附行為をさせてはいけないということが書いてあるのは重要ですが、それではそのような寄附行為をどのように取り消すのかというと、「債権者代位権」を使うとされています。これは、あまり聞き慣れない言葉だと思います。

また、特に被害を訴える方の中には「二世」の方、未成年の方も多くいらっしゃると思いますが、未成年者が自分で裁判ができないということになると、では誰が代理するのかという問題もあります。裁判でどれだけの時間がかかるかといった問題もありますし、さまざまなハードルがあるといったところを懸念しております。

確かに、新しく法律を作るという話を聞いていたときに、これがどういう法律構成になるのだろうかという点は、法律家の間でも議論になりました。特にその方向性や寄附の取り消しに関して、「債権者代位権」を使うんだということについては、「ああ、なるほど」とも思いました。しかし、現実問題として、この「債権者代位権の行使に関する特例」という、そもそも聞き慣れない制度をどのように周知していくのか、どのようにこれを迅速に使えるようにしていくのか、といったことが今後問われると思います。

そして、もう一点。フランス法から見た比較法的な立場で申し上げると、今回の日本の法は、あまりにもピンポイント過ぎないだろうか、という点も気になっています。寄附以外のさまざまな問題に対して、政府として国として、あるいは私たちとして、どのように向き合うのかという根本的な視点が、この立法をすることによって曖昧なまま済まされてしまうのではないかといった懸念を持っております。

「虐待に関するQ&A」についても、「虐待」というところまでいかなくても、何かできないか考える必要があると思います。フランスでは「虐待」という段階ではなく、「リスク」というところから行政が介入して子どもを守っていこうという方向性が明確にされています。そこでは、社会として子どもを守ってゆくという思想を明確に打ち出している。そういう例もありますので、特に未成年者をどの段階から守っていくのかというような議論も、今後もっともっとされていくべきだろうと考えています。

債権者代位権：金を貸した者（債権者）が金を借りた者（債務者）に代わって、債務者の権利を行使すること。例えば、AがBに金を貸し、さらにBがCに同額の金を貸したケースにおいて、BがAに金を返す当てがなく、BがCに貸した金の回収もしようとしない場合、Aが直接金を貸したBの代わりにCに対して直接、借金を返すように求めることができる。

債権者代位権の行使に関する特例：不当な勧誘によって寄附した者やその家族が、被害の回復のために、債権者代位権を行使できる制度。寄附をした者に、扶養すべき子や配偶者がいる場合、将来の分も含めた養育費や婚姻費用などのため、寄附をした当人に代わって、寄附の取消や返還を請求できるものとする。

あいまいな「認証」と「解散命令請求」

島薗　今、金塚さんから、新法があまりにもピンポイントに過ぎるのではないかというご指摘がありましたが、私もそこが非常に気になっております。

オウム真理教事件のときも、これは既存の法律では対処できないということで多くの議論が起こったんですが、やや性急にですね、短い時間で解決しようとした。あれは大量殺人を犯した団体に対する規制法というような枠だと思うんですが、オウム真理教にしか当てはまらないことは明らかで、実にピンポイント的なんですね。ですから、その場その時には問題になったことを何か解決したような気がするけれども、問題の根に触れていない。向き合っていない。

今度も同じですね。オウム真理教事件以後、そのような問題のある宗教団体が個人の人権を侵害するような事態を防ぐために、どういう制度的枠組みを作ってゆくのかという議論はほとんどしてこなかった。これは、我々のような宗教研究者にも責任があるし、政治家にも責任があるし、

大量殺人を犯した団体に対する規制法：一九九九年一二月に施行された「無差別大量殺人行為を行った団体の規制に関する法律」のこと。既存の「破壊活動防止法」がオウム真理教に適用できない事態が生じていたため、同法に代わる法規制が必要となった。オウム真理教に対する緊急立法であったため「オウム新法」とも呼ばれ、「団体規制法」とも略称される。無差別大量殺人を行った団体に対し、立ち入り検査など再発を防ぐために必要な規制を行うための法律。

メディアにも責任がある。やはり私は、「宗教法人法」そのものの問題をしっかり見直さなければならないというふうに思っています。

それで、「宗教法人法」では、「認証」ということがあるんですが、その規定がややはっきりしていない。認証しないということが役所の権限でできるわけですが、その権限は法的な裏づけがやや怪しいので、行政的な裁量になっているわけです。ですので、統一教会が二〇一五年に名前を「世界平和統一家庭連合」に変えようというときには――韓国ではすでに一九九四年に認められているので、その後、日本にも申請したわけですが――行政がそれを拒んできたわけですね。それは、その団体に問題があるという認識が行政にあったからなんですけれども、法的な根拠はちょっとはっきりしないわけです。ですので、どういう場合に認証されないのかということを、もう少し公正に示せるような制度にしなくてはならない。これは、「宗教法人審議会」という組

認証：宗教法人の設立や規則の変更、合併や解散については、所轄庁の認証を受けなければならないと定めた「宗教法人法」の規定。所轄庁は、原則としてその宗教法人がある都道府県知事だが、他に境内・建物を設ける宗教法人や、その法人をさらに包括する宗教法人などの所轄庁は文部科学大臣。

宗教法人審議会：文部科学省（文化庁）に設置されている「宗教法人法」の規定に基づく審議会。文部科学大臣の諮問機関として、同大臣が任命する宗教法人の代表者（宗教者）や宗教についての学識経験者（宗教学者）によって構成され、所轄庁が「宗教法人法」の定める権限を行使する際に、適否を審議し意見を述べる。

織があるわけですが、そこにそれだけの権限があるのかどうかも、やや不明確です。私は、そこは公明正大に決めてゆけるようなシステムにすべきであろうと思っています。

また、「認証」を取り消すことができると言いますが、この取り消しは、今の「宗教法人法」では、認証してから一年間しか有効ではないんです。もし、その宗教団体が認証できないような性格を持っていたというようなことが一年より後に判明しても、それはもう取り消せないということで、これは制度上に問題があります。ですので、明確な「宗教法人法」の改正が必要であろうと思います。

それから今、「解散命令請求」ということが話題になっていますが、この「解散」についての規定は大変シンプルです。

そもそも「解散」というのはですね、宗教法人が宗教法人として機能しなくなり、もうそろそろ廃止してもいいだろうという場合における認識のもとに行われていて、大きな団体が人権侵害を犯しているような場合においての「解散」というような想定は、当初の段階ではなかっただろうと思います。今はそれを何とか利用しようとしているんですが、非常に難しい。

「解散」についての規定：宗教法人が、法令に違反した場合や、礼拝施設が滅失したり、代表者が不在になったりした場合、裁判所が宗教法人の解散を命じることができる「宗教法人法」上の規定。

今度は、解散した場合にどうなるかという大きな問題もあるわけです。

解散された場合には、任意団体になるのか社団法人になるのかわかりませんけれども、その団体を注意深くウォッチする必要があります。これは、フランスの「セクト規制法」（本書七九頁「註」参照）の体制の中では、そういう制度があるわけですね。

これについては、本格的に取り扱わないといけないのに、これは日本の政治の大きな欠点だと思いますが、こうした問題をできるだけピンポイントに、絆創膏を貼る。応急処置で済ましてしまう。正面から取り組もうとしない。こういう大きな問題があるのではないかと思っています。

日本国憲法が意図する「信教の自由」と「政教分離」

小原　駒村さんは憲法をご専門とする立場から、この問題をどのように見ておられますか。

駒村　まずひとつの軸として、宗教的行為と違法な行為はきっちり分けるべきだ、宗教問題と法律問題をきちんと分けてメリハリのある対策ないし救済を考案していかなきゃいけないという点については、おそらくここまでの議論の中でも皆さん一致していると思うんですね。

ところが、日本国憲法は二十条で「信教の自由」を保障しておりますが、同時に八十九条まで含めると、「政教分離」および「公金支出制限」というものが定められている。これは、二重の意味で宗教にタッチしづらくなっているわけですね。

信教の自由は、何人に対してもこれを保障する。いかなる宗教団体も、国から特権を受け、又は政治上の権力を行使してはならない。
二、何人も、宗教上の行為、祝典、儀式又は行事に参加することを強制されない。
三、国及びその機関は、宗教教育その他いかなる宗教的活動もしてはならない。
（「日本国憲法」第二十条）

公金その他の公の財産は、宗教上の組織若しくは団体の使用、便益若しくは維持のため、又は公の支配に属しない慈善、教育若しくは博愛の事業に対し、これを支出し、又はその利用に供してはならない。
（「日本国憲法」第八十九条）

駒村　「政教分離」があるので政治と宗教は関わってはいけないし、これに加えて「信教の自由」は人権の中でも格別に重要だと言われてきた。憲法理論的にはその通りなんですけれども、しかし、宗教団体が起こす法的問題に対して肉薄しようというときには、この二つが出てきて、やはりどうしても及び腰になってしまう。及び腰になっているだけではなくて、この二つの憲法条項が何もしないで済ませるときの言い訳や釈明に使われてきた。あるいは責任回避のために使われてきた可能性がなきにしもあらずだと思います。

そのようなわけで、ややこしい議論を基本的には放置してきたのだけれども、看過できない人権侵害とか公益破壊が起きたときには、世間の批判が猛烈に高まりますので、オウム真理教のときの「団体活動規制法」ですとか、今回の「不当勧誘防止法」のようなかたちで、まさにピンポイント、もっと言えば、アリバイ作りやガス抜きのために法律を作るということが行われるのであれば、これはもう、本末転倒な話だと思うんです。

とは言え、とりあえずできたものは、やはりきちんと適用していただかなければいけないだろうと思っています。いろいろな難点はあるにせよ、今回できた法というのは何も宗教団体の行為だけではなくて、不当な勧誘行為全般に対して網をかけている一般法ですので、やはり、まずはこれをきちんと使っていただくということだと思うんですね。

中身を見ますと、いろいろ問題はあります。概念も不明確なものが多いです。「霊感」ですとか、合理的な実証を超えた「特別な能力による知見」とかですね、これ一体何なんだってことになると思うんです。金塚さんのように実務家のお立場からしますと非常に悩まれると思いますが、一般人から見た場合には、ここで掲げられている規制とか禁止は納得できるものだとも思います。一般の方たちは、こんなことは当然やってはいけないだろうというように、おそらく納得されるんだと思うんですね。

ですので、法学者としては、とりあえず施行してみて、経験と蓄積を積む中で改良していく。場合によっては、これはいくらなんでも「信教の自由」に対する侵害ではないか、「政教分離」上問題があるのではないか、というのであれば、それこそ憲法訴訟を起こして是正していく。そのようなかたちで、少し長い目で育んでいく必要があるのではないかなと思っております。そのためには、ぜひともメリハリをもって、きちんと適用するということが必要になると思います。

小原　今まで、すでにある法律や新しい法律の全体像のお話とともに、それがうまく機能していない部分があるのではないかという議論がありました。それと同時に、政治がきちんとその問題に向き合っていないのではないかという指摘もありまして、これは私たち日本社会全体の問題でもあります。ここで、田中さんから、歴史的に幅の広い視点に立って、今の現状をどうお考えになっているかお話いただけますでしょうか。

日本社会のコミュニティが陥った機能不全

田中　先ほど櫻井さんから、宗教的背景の有無に関わらず虐待というものが認められたというお話がございましたが、私はまず、宗教法人をどうするかという以前の問題として、社会全体として見たときに、やっぱり犯罪は犯罪じゃないかと思うんですよ。暴力とか、詐欺とか、恐喝とか、脅しだとか、これは全部犯罪ですよね。それを守る聖域なんて本当はあってはならないわけなんで、これはもう政治家であろうと警察官だろうと、そういうことをやったらそれはすべて犯罪です。宗教団体でもそれをやったら犯罪です。ですから、まず宗教的な背景の有無にかかわらず、そういうことが起こったときに、それをすぐに犯罪として取り締まるというチェックするポイントが必要ではないかと思います。

ただ、宗教の場合には、ご本人がそういうふうに思っていないという非常に大きな問題があって、その本人が被害を届けないというようなことも起こると思うんですけれども、しかし、やはりそれは周囲や社会がそれをちゃんと見るということが大事だと思っているんですね。

これは、実は宗教団体の側の問題ではなくて、私は社会の側の問題だと思っています。と言いますのは、このような問題が起きるということは、日本社会の中からコミュニティがなくなったということが非常に大きいと思います。

例えば、江戸時代には、良くも悪しくも「檀家制度」というのがあって、そして、村の中には「講」というものもあって、それらはいわば宗教的なものとして機能しているんですが、同時に、信仰とはまたちょっと関係のない生活の一部として存在していたわけです。例えばですね、そういうところにまったく新しい宗教が入ってきて、お金を取ったり、脅したりなんてことが起きたら、やっぱり周りは気づきますよ。それから、その本人も周りの目を気にして、そう簡単にはそういうところには近づけないと思います。ですから、そういうコミュニティが持っていた機能が今では機能不全に陥っている、あるいは存在しなくなっていると。そういう近代社会あるいは近代家族の問題ということがあると思うんです。

そのような状況の中で、剥《む》き出しの個人が社会と向き合う。その社会の中には、その剥き出しの孤立した個人を精神的に支配しようとする動きがあると。これは、フランスのソニア・バケスさんというカルト対策担当大臣がいらっしゃいますが、この方が新聞で、「カルト団体の行動原理というのは、人々を孤立させ、精神的に支配することです」とおっしゃっています。まさにそれは、孤立した個人がたくさん出現したときに起こった問題だと思います。

ですから明治以降、いろんな宗教団体が日本に出てきて、それはやはり孤立した個人を囲い込むということがあったと思うんですね。そうすると、社会としてその個人の孤立や孤独の問題とどう向き合うのかというのが、今、とても大事な問題だと思います。

これについては、スヴェトラーナ・アレクシエーヴィチさんというベラルーシのノーベル文学賞作家が、戦争などとはまったく違う観点からおっしゃったことがあります。「私たちが生きているのは孤独の時代だ」と。そして、「この問題を、芸術や文化の中で何とかしなければ、大変な時代になる」と。なるほどその通りだと思いました。おそらく、今起きている宗教の問題というのは、この孤独の時代に入った社会の問題なのではないかと思うんです。そうすると、そういうところで囲われてしまって、ある種の暴力を受けている人たちを、どのように社会の目の中に置くのかということについて、宗教法人だけの問題ではなく、社会の作り方の問題として考えていかなければならないことだろうと思います。

スヴェトラーナ・アレクシエーヴィチ：ベラルーシの女性作家・ジャーナリスト（一九四八年生）。旧ソビエト時代から、戦争や原発事故など国策の陰で抑圧された民衆の声を膨大なインタビューによって掘り起こし、独自の証言記録文学を確立。二〇一五年ノーベル文学賞受賞。代表作『戦争は女の顔をしていない』『亜鉛の少年たち―アフガン帰還兵の証言』『チェルノブイリの祈り』『セカンドハンドの時代』など。

小原　はい。この点は議論を深めていきたい点で、法律の問題は非常に現実的な問いとしてあるんですけども、一方、結局その法を解釈したり、実施したり、良い方向に改正したり、しなかったりというのは社会の選択の問題ですので、やはり社会のあり方も同時に問うてゆきたいと思うんですよね。

今、田中さんからお話があった通り、江戸時代であれば、ちょっと変わったものとか危なっかしいものが入ってきても、コミュニティがしっかりと機能していたので、それを排除したりする安全装置として働いていたと。ところが、近代以降あるいは現代に近くなればなるほど、個人が剥き出しのままそこに放り出されて、そこに社会とかコミュニティが関与できなくなったという、この変化というのはやはり非常に大きいと思います。そういうところにカルト的なものは忍び寄ってくるわけですし、それから実際にそういうものが忍び寄ってきたとしても、今までそうした問題はときに家庭内の問題とされて公的な援助がなかなか入れなかった。

ですから、声を上げていろんな相談所に行っても、「ドメスティック・バイオレンス」のような言葉ができる前は、「それは宗教の問題なのでご自身で解決してください」「家庭の問題ですからご家庭で」と受け付けてもらえない。やはり多くはかつてそうでしたよね。「それは恋人間の問題なので恋人同士で解決してください」とか「親子の問題は親子で解決してください」ということで、社会の関与が拒否されてきたわけです。

しかし、徐々に徐々に社会の理解も変わり、法も変わってくる中で、個人を、特に弱い立場に置かれている個人を孤立させないための法とか、社会的な認識が高まってきたということを考えると、この変化を今回の宗教とカルトの問題についても広げていくことができないだろうかと思います。

駒村　私は、田中さんが提起されたコミュニティの問題はとても重要だと思います。

コミュニティとして今ここで問題になっているのは、「宗教団体」と「家庭」と二つあるわけですね。この両方とも従来からアンタッチャブルとされてきたわけです。そうした状況下で、両者の内部で極めて悲惨なことが起きていますので、これは幼児虐待の問題も含めて日本の暗部になりつつあると思うんです。

家庭はプライベートな領域で、ある種の聖域だという発想や、宗教団体も憲法で守られた聖域だと言われますが、それはそれで確かに尊重しなくてはいけませんけれども、やはり人権侵害とか虐待とかものすごい不法行為が疑われる場合は、社会が果敢に介入してゆくことが必要ですし、間違っていたら謝罪し改める、ということをしてゆかなければいけないと思います。

あとひとつ、ちょっとだけ付け加えさせていただきたいと思うのですけれども、「孤独の時代」という指摘もございました。私たちが大学生の頃、統一教会系の学生団体とか統一教会にシンパシーを感じている人たちというのは、やはり、ある種の知的渇望があったと思うんです。

あの頃は「黄金の八〇年代」とか言われて、深夜番組も出てきて、「ディスコ」って言葉も今では死語になっているかもしれませんけど、そのように社会全体が浮かれていた。しかし、真面目に勉強しようとする人たちの中には、どうにかして世界とか社会とかをしっかりと理解することを可能にする見取り図がほしいという欲求があった。そういうときに統一教会が、近現代史まで含めてのあるひとつのフレームを提供してくれる、という状況があったと思うんです。

「勝共連合」も、ある意味では、国際政治に対するひとつの見方――それが正しいかどうかは置いておいて――そういった知的渇望が、アジア・太平洋戦争敗戦後の日本の市民社会の中で学生や政治家にあったということは、おそらく否定できないだろうと思います。

その後、それが後景に退き、どこかに沈潜してしまったんではないかというご指摘でしたが、それは、もしかすると知的渇望そのものが衰退していった――大学生にとっても、政治家にとっ

勝共連合：共産主義の根絶を掲げ、一九六八年一月、旧統一教会の文鮮明が韓国に設立した反共主義政治団体「国際勝共連合」のこと。日本でも韓国での設立から三カ月後、岸信介、笹川良一、児玉誉士夫らを発起人として同名団体が設立され、以後、自由民主党への多額の政治献金などを通じて同党と協力的（福田元首相答弁による表現）な関係を築いた。憲法改正、核武装化、スパイ防止法推進を主張し、ジェンダーフリーや同性婚、選択的夫婦別姓制度に反対する。

ても――ということなのではないか、あるいは逆に、とても知的に訓練が行き届いたので嘘くさい世界観に騙されなくなったということなのか、そのどちらかだと思うんですが、私はどうやら前者ではないかと思っています。だとすれば、大学の機能低下という論点も浮上してこざるを得ません。

さて、世界理解に代わって学生や若い人たちの琴線に触れるようになってきたのは、「家庭」の問題だと思うんですね。

家庭における孤立感だとか不条理だとか「親ガチャ」なんてことが言われるような状況もあって、その中で自分はいったい何のために生まれてきたんだろう、どこに行けばいいんだろうと。隣の人の名前すら知らないという状況の中では、やはり、語りかけ寄り添ってくれるものにすがってゆくという構造が出てくると思うんです。

そこで、先ほどの「不当勧誘防止法」の話になりますが、これは偽計的、欺罔的な手練手管を使ってお金を巻き上げてしまうという行為も問題ですが、同時に他方でそれを受ける側の、つまり勧

親ガチャ：「子どもは親を選べない」「どんな家庭環境や経済的、遺伝的状況に生まれてくるかは運まかせで、それがその後の人生を決めてしまう」という「アタリ」「ハズレ」的感覚を表したネット造語。「ガチャ」とはスマホゲームやコインを入れガチャガチャとハンドルを回して出るカプセル玩具に由来し、そのランダム性偶然性が転用された。二〇二一年「大辞泉が選ぶ流行語」大賞。

誘を受ける側の心のあり方とか、ある種の免疫というものも同時に重要になると思います。それを考えますと、例えばＳＮＳが流行っていてフェイクに踊らされるとか、あるいは「陰謀論」に巻き込まれるというような心理的な脆弱性の問題とこの問題とは、おそらく地続きになっていて、既存のコミュニティの喪失とともに、仮想空間の中における別の新たなコミュニティに絡めとられていく状況を直視する必要があります。

宗教だけではなくて、広くフェイクとかカルト的な「陰謀論」に巻き込まれていくということを一体どうしたらいいのか、やはり真剣に考える時代になってきているんだろうと思います。

「霊感」「霊性」「スピリチュアリティ」をどう捉えるか

小原　そうですね。私たちはまず、かたちのある宗教団体のことを意識しますけれども、ＳＮＳ上などでは宗教団体とは関係がないけれども宗教的な言説というのが蔓延していると思います。その中核にあるのが、今おっしゃった「陰謀論」であるとかフェイクであるわけですが、特にコロナ禍の中でそれらがグローバルに拡散してゆくという経験を私たちはしてきました。この問題については、今後、関心を向けていくべきポイントのひとつだと思います。

今まで、新法についていくつか議論が出てきましたが、新法の議論においてキーワードと言いますか、取り沙汰される言葉のひとつとなったのが、「霊感」という言葉ですよね。普通の法律にはそういう文言はおそらく出てこないとは思いますが、新法は「霊感」を悪用することを禁止する側面は持っています。

しかし、広く考えますと、伝統宗教も含めて、あるいは宗教と言わずとも、私たちの日常の中での経験や世俗的な文化の中でも「霊感」につながるような感覚というのはたくさんあると思うんですよ。人が何か悪いことをしようとすると、「そんなことしたら罰が当たるよ」みたいな。

このようなことは普通に言われていると思うんですけど、「罰が当たるなんていうことは霊感的な脅しだからダメですよ」みたいなことを頭ごなしに言ってしまうと、日常の言葉も成り立たなくなってしまう。

ですから、私たちは、日常の中に溶け込んでいるような、人間を超えた力がどこかで働いているというような感覚、そういったものをきちんと大事にしながら、しかし、悪用されるような「霊感」に対しては、社会的な関心をしっかりと向けていくというような、広い視野で見ていく必要があると思います。「霊感だから全部ダメだ」みたいな言い方をしてしまうと、既存の宗教活動の多くが非常に制限されてしまう可能性もありますので、そのあたりもしっかりと理解をしていく必要があると思います。

田中　今、お話になった「霊感」のことも非常に興味深い問題で、やはり人間にはわからないことがたくさんあるという認識は必要なんですよ。「全部わかっています」とか「すべて論理的に説明できます」ということではないわけなんで。ですから、孤立した精神がわからないものを求めてしまうということもある。あっていいと思いますし、そういうわからない世界と自分がつながってゆくということで、むしろ自分の奥底にあるものを発見してゆくということがあると思うんです。

おそらく宗教はそういう役割を果たしてきたんだと思うんですね。それが、宗教団体なのか、それとも個人の信仰心を大事にすべき問題なのかというところがまだはっきりしないんですが、私は、やはりそれは個人の心の問題だと思っています。けれども、そういうふうに言ってしまうと、やはりフェイクに引っかかるということも出てくるし、宗教ではないさまざまな事柄が出てくるので、そのことを、それぞれがものを考えるということにつなげていけるかどうかが問われていると思いますね。

駒村　「霊感」あるいは「霊性」「スピリチュアリティ」（本書五〇頁「註」参照）というような話が出て参りましたが、これはとても重要な問題だと思っています。それは、個々の宗教団体の教義を超えたところに、宗派を問わず、仏教であるかキリスト教であるかを問わず、普遍的に見られる人間の現象でもあるわけですね。これがとても重要だと思います。

と、申しますのは、日本の最高裁判所の判例は「政教分離」の原則について、特定の宗教に対する〝えこひいき〟とか〝いじめ〟をしてはならないと言ってきたんですね。逆に言えば、特定の宗教だけに見られるものではない、ある種の普遍的な人間精神の活動について、政治がこれに関与することは、この発想からすれば行えるということになるわけです。

それで実際に、「どこどこ神社に玉串料を払います」とか、あるいは「靖国神社に行きます」

とかいうようなことは、これは習俗であって——それは何も日本だけじゃなくて世界各国どんな宗教も問わず——戦死者に儀礼を尽くすことであり、当然やっても許されるはずだという議論があるわけですね。「スピリチュアリティ」は本当に大切にしなければいけないし、我々の公共的活動の原動力になる場合もありますが、他方で、今申し上げたように、「政教分離」の規制から「スピリチュアリティ」が抜けてゆくということになりますと、宗教がこれを利用するだけではなくて、政治や行政が利用する可能性が出てきます。これについては警戒して見てゆかなければいけないと思っています。米大統領だったトランプが、あれだけの暴動などを扇動した背後には、ある種の霊性運動的なものに対して訴えかけたという側面があると私は思っています。

最高裁判所の判例：最高裁の立場としては、政治と宗教の接触が許容限度を超えたか否かの判定は、いわゆる「目的効果基準」による。この基準は、もともと「当該行為の目的が宗教的意義をもち、その効果が宗教に対する援助、助長、促進又は圧迫、干渉等になるような行為」か否かを問うもの（津地鎮祭事件最高裁大法廷判決／本書一一七頁「註」参照）であり、その後の判例もこの基準を踏襲しているが、適用の段階では、「特定の宗教を援助、助長、促進し又は他の宗教に圧迫、干渉を加えるもの」か否か（一九九三年二月一六日　箕面市忠魂碑事件最高裁第三小法廷判決）、そして、「特定の宗教団体との間にのみ意識的に特別のかかわり合いを持った」か否か（愛媛県玉串料事件最高裁大法廷判決／本書一一七頁「註」参照）を問題としており、特定の宗教に「援助、助長、促進」（えこひいき）しているか、「圧迫、干渉」（いじめ）があるかに政教分離の焦点を絞っていると考えられる。

小原　そうですね。今、触れられた「地鎮祭訴訟」であるとか「玉串料訴訟」などでは、やはり宗教的な行為を伝統的な習俗とか文化として包摂するような法解釈をしたと思うんです。自民党の憲法改正草案でも、そういった形での文言が追加されたりしていますので、保守的な価値観を持っている政治家からすると、政治が宗教により積極的に安易に関われるような状況を作り出したいという欲求がおそらく高まっていると思うんですよね。

なぜ日本の憲法二十条が「政教分離」を厳格にしたかというと、やはり、大日本帝国時代にその両者が近づき過ぎたことによって政治が宗教を利用したという事実がある。戦争の時代と関係があるので、その教訓として憲法二十条があると思うんですよ。

ところが、日本国憲法下の現代においても、以前の大日本帝国時代的な宗教国家の関係に戻りたいという人が少なからずいる。これは政治の世界にもいれば、宗教の世界にもいて、その結果として、日本会議であるとか、神道政治連盟のようなものが実際できているわけですよね。

ですから、そういう全体像を考えてゆくときに、宗教それぞれは確かに心の問題でもあるんだけれども、その周りにはもう本当に強力な政治的な力とか思惑がうごめいているということを、私たちは認識していく必要があると思います。

地鎮祭訴訟：代表的な例は、一九六五年一月、三重県津市の市立体育館建設起工式（地鎮祭）において、市長が公金から費用を支出したことに対し、政教分離を定めた憲法に違反するとし、市議会議員が提訴して争われた行政訴訟。一九七七年七月一三日、最高裁は、憲法が規定する政教分離原則は国が宗教的に中立であることを求めるものだが、宗教とのかかわりを許さないというものではなく、これは憲法規定の限度を超えるものではない、として原告の請求を破棄した。

玉串料訴訟：愛媛県玉串料訴訟が知られている。一九八一年から八六年にわたり愛媛県が靖国神社の例大祭や護国神社の慰霊大祭に県の公金から玉串料を支出していたことに対し、市民団体と浄土真宗僧侶が、憲法違反として県に支払相当額の損害賠償訴訟を起こした。一九九七年四月二日、最高裁は「我が国の社会的・文化的諸条件に照らし相当とされる限度を超える」として、違憲判決を下した。

日本会議：一九九七年、「日本を守る国民会議」「日本を守る会」が統合され設立された約四万人の会員が所属する民間団体。男系の皇位継承、ジェンダーフリー教育の是正、選択的夫婦別姓反対、男女共同参画条例反対、憲法改正、有事法制の整備、首相の靖国神社参拝推進などが主な主張で、国内最大の右派・極右・保守系団体、ナショナリスト団体などと称されることがある。「日本会議国会議員懇談会」という超党派の国会議員による議員連盟もあり、特に自民党所属議員が圧倒的多数を占める。安倍内閣においては、閣僚の多くを同議連のメンバーで構成した。第二次安倍内閣では一九人中一三人、同改造内閣ではさらに二人増え一五人が同議連所属。

神道政治連盟：一九六九年、神社本庁の政治ロビー活動を推進する団体として結成された政治団体。日本会議と同様の主張を掲げて関係が深く、神道政治連盟の役員の多くが日本会議の幹部や役員を兼任している。「日本会議国会議員懇談会」と同様に「神道政治連盟国会議員懇談会」という組織もあり、その両方に名を連ねる議員も多い。

フランス「セクト規制法」と日本のあり方

弱者を守る「セクト規制法」の思想

小原　今までの課題を引き継ぎながら、少し違う角度からもこの問題を整理していきたいと思います。そこで、フランスの「セクト規制法」を中心に、日本の問題を外国からの視点も踏まえて考えてゆこうと思います。

まず、フランスの法に詳しい金塚さんから、フランスの「セクト規制法」についてお話いただきたいと思います。これは日本でも安倍元首相の銃撃事件以降、頻繁に口にされるようになりましたが、政治家の一部には、フランスの「セクト規制法」のような法律を日本にもすぐに導入して適用すべきだと考える人たちもいます。「セクト規制法」とはどのようなものなのか、また、日本にも適用すべきだというような動きについて、どうお考えになっているでしょうか。

金塚　まず、このフランスの法律の名称を日本語でどう翻訳するのかという問題があります。昨今さまざまに議論されているフランスの法律は、日本では「反セクト法」あるいは「セクト規制法」と言われていますが、もともとのフランス語の名称は、「人権と基本的自由に対する侵害をもたらすセクト的活動の予防と抑制を強化するため」の法律です。直接的に、セクト団体を規制するというような名称にはなっていません。その意味では、「反セクト法」とか「セクト規制法」とかいう日本での略称が適切なのかといった問題はありますが、便宜的にここでは仮に「セクト規制法」と呼ぶことにしたいと思います。

日本でもこれを導入すべきかどうかという議論がある中で、では、この法律の何を導入しようとするのか、という論点があまり意識されてこなかったという印象があります。ですので、まずはこの法律を簡単に紹介させていただきたいと思います。

「セクト規制法」は、まず、法人の解散命令をいちばん最初に置いています。

これは、第一に、法人自体や法人の代表者に一定の有罪判決があった場合。

さらに、第二に、その法人の目的が、いわゆるマインド・コントロールというふうに言い換えられると思うんですけれども、法人活動に参加する人を心理的あるいは身体的隷属状態に置き、その状態を利用することを目的とした活動を行うようなものであった場合。この二つの要件がかかっているときに、裁判所が法人の解散命令を出せるということになっています。

さらに、「両罰規定の拡大」という概念があります。

「両罰規定」というのは、個人だけではなく法人も処罰するという法律上のルールで、日本ではあまり用いられていません。問題を法人が起こした場合に、法人に対して損害賠償義務を負わせるだけでなく、刑事処分も行うというものです。フランスはもともと多くの場合、法人の代表者が法人の活動のために行った犯罪については、法人自体も処罰されることになっていますが、この「セクト規制法」によって、法人処罰の範囲が拡大されました。

そして、これが日本でいちばん注目された部分だと思いますが、いわゆるマインド・コントロールのような、無知あるいは脆弱な状況を不法に利用する行為の処罰が定められています。

フランスの刑法は、弱い立場につけこむ行為を処罰しています。そこには二つの類型がありまして、そのひとつは、「未成年者あるいは年齢、病気、病者、身体の障害、肉体的あるいは精神的問題、妊娠により著しく脆弱な状態にあることを行為者が知っていた場合」です。

もうひとつのカテゴリーは、「セクト規制法」で追加されたものですが、「著しい圧力あるいは繰り返される圧力、若しくはその判断力を侵害する技術により生じた心理的あるいは身体的な隷属状態にある人」で、そのようなカテゴリーの人に対して、何らかの行為を強要したり、あるいは行為をさせないようにするために、彼らの無知の状態あるいは脆弱な状態を不当に濫用する行為について処罰する。これが日本で、「マインド・コントロール罪」というような表現で知られているフランスの「無知・脆弱の不法利用罪」です。

こうした二つの類型に基づく「無知の状態あるいは脆弱な状態を不当に濫用する行為」に対し

て、三年の懲役、及び三七万五〇〇〇ユーロの罰金、日本円にすると五〇〇〇万円くらいになりますが、そのような罰則が設けられております。

そして、もうひとつ重要なのが「被害者参加制度の拡大」です。

これこそ、日本でもっと議論されてもいいのではないかと思うんですけれども、被害者個人だけではなくて、被害者の支援をしている団体にも裁判に参加する適格を認めましょう、というものです。フランスでは様々な犯罪被害者がこの制度を使えることになっていますが、これによって被害者自身が裁判で直接闘わなくてもよくなります。被害者を守るための重要な制度です。

ですので、日本でセクト規制を導入するかどうかというときには、このうちの何を対象として考えるかということが重要になってきます。

こうしたことに加えて、フランスの法律の全般的なところも少しお話したいと思います。

まず、重要なのが、この「セクト規制法」は、何らかの思想を取り締まるというものではないということです。

これは、まさに日本でも問題になるところですが、セクト規制においては、信仰の自由、良心の自由をいかに侵害しないか、政教分離規定をいかに侵害しないかといったことが、フランスでも問題になっています。ですので、何らかのマジョリティの側から見たときに「この思想は偏っているんじゃないか」と言ってその思想を処罰するものではなく、何らかの逸脱行為といった具体的な行為があった場合に処罰するといったことが重要視されています。

それではなぜ、フランスがこのようにセクト規制に力を入れているか考えるときに、私が興味深いと思うのが、その思想的な背景です。

「セクト規制法」が二〇〇一年に作られたときは、フランス国会でさまざまな議論がありましたが、この法案提出者は次のように説明しました。

「共和国は自由であり、考えることであり、信じることであり、そして結びつくことである。しかし、共和国は自由以上のものである。民主主義以上のものである。それは光であり、教育であり、進歩であり、解放であり、市民社会である。したがって偽の宗教活動が暗黒主義を躍進させようとし、その上で、自由を否定するために自由を利用するとき、それらの活動は思想や信仰心の世界を越えて、政治と法の世界の対象となる」と。

ここで出てくるのが啓蒙思想ですね。やはりフランス革命の伝統を持つフランスなんです。

フランス革命は、いかにキリスト教を乗り越えるかといったところから出てきましたが、その背景にあった啓蒙思想というのは、宗教的ドグマだったり偏見や暗黒主義を、光によって、啓蒙によって、そして人間の理性によって乗り越えてゆくというものでした。この法案においても、セクトとの闘いというのは、結局は同じ啓蒙思想に根を張るのだということが謳われています。

そして、もう一点、強調したいのが、フランス法には「弱い人を守る」という観点があり、これが大きな特徴になっているということです。

この点について、私は日本法の中でももう少し問題提起してゆきたいと常に思っていますが、いわゆる「マインド・コントロール罪」として考えられる犯罪類型の元となった脆弱性乱用罪はもともと古くから存在していて、ナポレオンの刑法にまでさかのぼることができます。ここでは、弱い立場にある人を守ろうという思想が正面から法律で認められています。このセクト対策においても、担当大臣はこのことを前面に押し出しています。

そう考えたときに、先ほど「日本の新法がピンポイントに過ぎないのではないか」と問題提起させていただきましたが、おそらく日本の法律や政治ができていない側面、弱い市民や国民をいかに守るかという視点が浅く、そのような観点からの包括的全面的な議論ができていない部分があるのではないかと思います。

小原　今、詳細にフランスの「セクト規制法」についてお話いただき、考えるべきいろいろな要素があるということがわかりましたが、日本でその言葉が使われ始めたときに、その中身について知っている人というのはほとんどいないというのが実態ではないでしょうか。

よくは知らないけれどもフランスの「セクト規制法」によれば一〇の項目があって、それをバッと網をかけるようにかければカルト的な団体も一網打尽にして何らかの処罰ができるのではないか、というような期待を込めてフランスの「セクト規制法」への関心が集まったんですよね。

しかし、実際にはどこをどう使うかということが非常に大きな問題ですので、まず、その内容を理解した上で、それが日本に合うのか合わないのか——当然、フランスと日本とでは歴史的な背景がだいぶ違いますので——そのあたりを最初から理解していく必要があるということを改めて思いました。

とりわけ、啓蒙思想との関係は重要ですね。フランスの啓蒙思想というのは、かつて王権と結びついたカトリックの絶対主義からの人々の解放、それを乗り越えてゆくところに目標がありましたから、その結果として、一九〇五年の「政教分離法」もあると思うんです。ですから、この長い格闘の歴史があった上にその法があるということを、やはり私たちは理解すべきだと思います。駒村さんはフランスと日本との比較といった側面から考えるといかがでしょうか。

政教分離法：カトリックが事実上の国教だったフランスでは、一七八九年のフランス革命によって国家と教会が分離されたが、その後のナポレオンによる融和回帰政策により、再びカトリックが復権し国家政治に大きな影響力を及ぼすことになった。一九〇五年、ブルジョア共和派や社会主義政党の台頭により、信教の自由尊重、公共団体による宗教予算の廃止などによって国家や公立組織の脱宗教化を定めた政教分離法が制定された。この政教分離原則は現在まで続いている。

「個人」の尊重と「中間団体」の役割

駒村　金塚さんのご説明の中に「啓蒙思想」と「弱者の救済」という二つの観点がありましたが、何と言いましてもフランスは近代憲法のふるさとのような国ですので、日本にとっても参照に値します。

フランス憲法の最も革新的な前提とは何かということを、少なくとも日本の憲法学者たちは、「個人というものが一番大切だ」という教説に求めてきました。つまり、個人というものを共同体だとか、あるいは歴史的な文脈から括《くく》り出して、これをきちんと打ち立てると。自律的な主体として、まず打ち立てるということです。「国家」と「個人」という二つの両極の対抗図式として統治を描き出していくというイメージです。

そうしますと、国家と個人の間に介在していたさまざまな「中間団体」、これを、実践はともかく、少なくとも理念的には全部排除するという構成を取るわけですね。つまり、教会もそうですし、貴族階級もそうですし、あるいはある種の同業組合的なものもあるんですけれども、こういった中間団体を排除して、赤裸々な個人を、ある意味では強い個人を、それに対置するという構造なんです。このような考えが、少なくとも憲法学者たちの頭にあるわけです。

けれども、もちろん理念的にはともかく、では実践的にすべての中間団体なるものを法制上排除できるかというと、そんなことはないわけです。確かに、かつて中間団体というのは個人に対して抑圧的なアプローチをしたし、あるいは国家と一緒になって個人を虐《いじ》めたということもあろうかと思います。しかし、他方で、個人を国家から守ってくれるとか、それこそ先ほども話題になりました孤立した個人をやさしく受けとめて、居場所を与えてくれるという効果もあったと思うんですね。

ですから、中間団体というのは、個人に対して抑圧的な仕組みとして働く可能性もあるし、逆に個人を救済してくれる保護の役割も果たしてくれるという両義的な性格を持っているということをきちんと知らなければいけない。格好良く国家と個人の二項対立、中間団体は全部排除と言うだけでは、やはり社会の実相を把握することはできないと思います。

この中間団体が持っている両義性をいかに調停するかということを、フランスは「セクト規制法」に至るまで、本当に悩んでやってきているわけですね。では、日本にもそのような悩みがあったのかというと、あまり見当たらないのではないか。この点、日本国憲法を見てみますと、少なくとも憲法条文上では、十三条で個人を尊重すると書いてありますので、団体よりも個人の方に重心を置いて憲法を解釈しなければいけないという構《かま》えになっています。

> すべて国民は、個人として尊重される。生命、自由及び幸福追求に対する国民の権利については、公共の福祉に反しない限り、立法その他の国政の上で、最大の尊重を必要とする。
>
> （「日本国憲法」第十三条）

駒村　もちろんこの十三条は団体を一切無視してよいというわけではなくて、「個人と団体の間の衝突や摩擦があった場合は個人の側に寄り添って解決しなさい」というメッセージであるわけです。

　話が少し逸れるかもしれませんが、自民党が二〇一二年に出した憲法改正草案では、この憲法十三条は改正するということになっています。それは、この十三条で謳われている個人の尊重という文言の、「個人」をやめて、「人」に変えようという提案なんですね。

　一般の人から見れば、「個人」も「人」もあまり大差はないんじゃないかと思うかもしれません。「個人」だとミーイズムとか利己主義的にも聞こえるので、そこはより普遍的な共感を呼ぶような「人」という文言に置き換えましょう、と。そのような改正提案はある意味、市井の人々の心を打つ可能性もあるわけですね。

　しかし、法学的に考えますと、「人」という概念は、これはもう「いろは」の「い」になるんですが、概念的に二通りありまして、ひとつは、肉体を持った生身の「自然人」。もうひとつは、先ほどから話題になっている法律上の権利能力を得るための基礎となる法人格を持った「法人」。この二つが、法学上の「人」という概念です。そうしますと、この改正が何を意味するかというと、「自然人」である「個人」と、中間団体である「法人」が、「人」というカテゴリーに一括されて、憲法上では同等に位置づけられるということになります。ですので、現行憲法が採用している「個人」に軸足を置いたアレンジからは大きく逸脱する可能性が出てきます。

「個人」と「国家」――そのどちらかに軸足を置きながら、だからといって中間団体をいっさい無視し排除するのではなくて、その折り合いをどうつけていくのか。そのような議論を今回スタートさせて、フランスも参照しつつ、議論を積み上げてゆくことがとても重要ではないかと考えています。

小原　そういう意味では、駒村さんが最初に言われたように、フランスは日本にとって非常によい参照国になると思うんです。フランスの場合には、かつてあったカトリック教会との対決という側面がありますので、フランスは非宗教的な共和国であるということが国是にもなっているわけです。

しかし、同時に、これは駒村さんも言われたように、中間団体としてのカトリック的な資産を完全に脱落させてしまったら、フランスの社会は成り立ちません。たとえば、教育にしても医療にしてもそうですけど、カトリック的な遺産というのがたっぷりありますから。弱者に対する徹底したまなざしや深い関心というのは、キリスト教的な遺産なんですね。弱い者の立場に立てというキリスト教的遺産と啓蒙主義的な思想が合流して、今のフランスの国家としての理念を作っていると思います。

ですから、そういう弱者への視点をもって、力のある大きな団体から圧力を受けたり、孤立させられたり、虐待される個人を助けるための法を作るということは、日本でも十分議論すべきだと思います。ここまでは比較法的な議論もしてきましたが、島薗さんはいかがお考えでしょうか。

アメリカ的「宗教的マイノリティ」保護が移入された敗戦後の日本

島薗　日本のアジア・太平洋戦争敗戦後の法体系における「信教の自由」や「政教分離」という問題を考えるときには、やはり、アメリカ合衆国の影響が大きかったわけですね。アメリカは、要するに宗教的なマイノリティを守るといいますか、多様な宗教団体がそれぞれ自由に活動できることが、ある意味で国是のようにもなっている国です。そういう意味では、フランスとは非常に違うんですね。

今、日本では「エホバの証人」に対する規制が話題になっていますが、「エホバの証人」はアメリカで基礎が築かれて、良心的兵役拒否のようなことでは、ひとつの重要な、信教の自由を代

エホバの証人：一八七〇年代にアメリカの聖書研究者たちによって創始されたキリスト教系の宗教団体。聖書に記された唯一全能の神エホバを信仰する。本部ニューヨーク。世界で「ものみの塔」という名称で活動を展開。戦時中はナチスドイツによって布教活動を禁止され、迫害を受けた歴史を持つ。良心的兵役拒否、被災地への災害救援活動などで知られる一方、聖書の「血は避けるべき」という記述に基づき、輸血拒否の立場をとる。日本でも、交通事故で重体に陥った子の輸血手術治療を親が拒否し、死亡する事件も起きた（本書三一頁「註」参照）。

表するような団体というふうに見なされたりしているわけです。フランスにおいては、危ないセクトのリストの中に入ってしまうのですが、世界的に見るとそれは少ないですね。どちらかといえば、「エホバの証人」の活動は、ある程度、認められているところが多いです。

そこで、日本はどのような選択をするのかということになるんですけれども、従来の日本では、アメリカ的な宗教的マイノリティの権利を守る、それが社会的弱者の擁護にもつながるという考え方が強かった。それは、戦前の大日本帝国時代の宗教団体に対する抑圧の経験が反映しているということがあります。これはしばしば、「宗教性善説」と言ったりしていますが――この言葉が適切かどうかは検討の余地がありますけれども――アメリカ的な影響を受けながら、日本にそのような考え方が入ってきたというところがあります。

現在の「宗教法人法」がそのような前提に則っているとすると、それは妥当なのかどうか。

これは、田中さんがおっしゃったように、人々が孤立していく時代に、宗教団体なり様々な団体が個人を抑圧するということが、現代の法システムでは看過され、そのような団体がむしろ守られてしまう場合もあると。こういう事態は、一九五一年に「宗教法人法」ができた頃にはちょっと予想もつかなかった。オウム真理教事件（本書八七頁「註」参照）のときにも、「ああ、そういうことなのかな」というふうに思いながら、まだそこまで十分に考えが進まなかった。今、オウム真理教事件から何年経ったでしょうか。三〇年近くも経つわけです。そうした中で、統一教会がまさにそれをよく示しているとも言えます。なので、「宗教性善説」的な考え方で宗教団体を見てきたことの限界を考え直さなければならないというところにきているのではないかなというふうに私は思います。それが、「宗教法人法」の改正という課題にもかかわってくるのではないでしょうか。

宗教を「権威」のために利用してきた日本の歴史

田中　私は、フランスが啓蒙思想によって宗教を乗り越えてきたという金塚さんのお話を聞いたときに、「ああ、ここが日本と違うんだ。つまり日本は違うんだ」と思いました。今、島薗さんもおっしゃったように、確かにアジア・太平洋戦争敗戦後はアメリカ式に多様な宗教を受け入れるということになったと思うんですが、それまで、つまり戦前までの日本というのは、例えば古代の国家はやはり仏教とともに成立するわけですね。仏教が入ったときに漢字も入って来るし、文献も入って来るし、思想も入って来るし、いろいろな道具も入って来る。しかも、そのあとは僧侶たちを中国に留学させていますよね。

この動きは何なのかというと、それは「権威」です。つまり、国家に権威というものを与えるために仏教を使ったんですね。その象徴が大仏建立です。大仏建立で金属なども大量に使って権威を示す世界を作ってゆく。中世に武家の時代になっても同じことを繰り返す。奈良の大仏の再建は何度もやっているんですね。これはやはり、国家統一のためなんです。中世になるといろいろな仏教が出てきますが、それでもやはり、政権は宗教を使い続ける。

江戸時代になりますと、それがさらに進みます。ここでキリスト教を排除するというのは、決してそれが西洋の宗教だから排除したわけではなくて、一向宗も排除したし、不受不施派も排除した。つまり、政権に不都合なものはみんな排除したんです。ということは、逆に都合のいいものは全部使ったということになるんですね。

そういうふうに考えると、明治もそうなんですが、明治の場合には、今度はそれまで天皇家も仏教徒だったのに、突然「仏教をやめろ」みたいな話になって、個人の信仰の問題なんて一切考慮せずに、とにかく「今度は神道なんだ」というような新しい権威を作って、これを天皇制と結びつけます。

一向宗：鎌倉時代の一向俊聖を祖とし、一向（ひたすら）に阿弥陀仏を念ずることを旨とする浄土教系の宗派。江戸時代には、幕府によって時宗（一遍を開祖とし踊念仏で知られる浄土教系宗派）に強制的に統合され、「時宗一向派」と改称。さらに、「浄土真宗」の公式名称とされた。

不受不施派：日蓮宗の一派。僧は他宗の信者の施しを受けてはならず、また信者も他宗の僧に布施などしてはならないとする。排他性が強く、江戸時代には国主に抗う信仰として禁教とされ、くりかえし弾圧を受けた。

こういう歴史を見てくると、日本は、宗教と国家の関係を啓蒙思想によって乗り越えようとか、哲学によって乗り越えようとか、そういうことは一度もやっていないんです。

そういう議論をしてこなかったということがあるんですね。そういう議論がないままにアジア・太平洋戦争の敗戦を経て現在に至っていますから、そうするとアメリカ的ないろいろな宗教があるという状態になっても、その乗り越え方は一度も考えたことがないために、いまだにやはり、宗教に対するある種の権威的な情動と言うんでしょうか、その情動を利用する政権という、そういうものが残ってしまっているような気がします。

ですから、何も議論をしてこなかったということはすごく大きな問題ですので、やはりそれは日本の思想・哲学というものはできていないということと同じことを意味するんだと思うけれども、やはり、宗教ということを含めた新しい議論を起こす必要があるのではないかというように思いました。

小原　そうですね。フランスの場合、さまざまな知的格闘をしながら宗教を乗り越えてゆくような運動を積み上げていきました。それに対して、日本にはそれがなかったにもかかわらず、しかし憲法上は条文として成立しているので、何か自分たちが獲得したかのように錯覚してしまいがちですよね。しかし、私たちは、それをまだまだ自分たちの手でつかみ取っていない、議論していないということを、まずは自覚する必要があると思います。
それと、もう一点、田中さんのご指摘の中で大事だと思ったのは、奈良時代の大仏建立以降、基本的には時の権力者がやはり宗教を道具的に利用してきたということが長く続いてきたという事実です。国家鎮護だったり、国家を統治するための道具として宗教を使ってきた。場合によっては宗教教育を使ってきた。江戸時代であれば儒学とかですね、とりわけその中でも、朱子学が江戸幕藩体制の統治のための教育として使われましたけれども、昌平黌のような幕府肝入りの学校があり、各藩校では儒学や朱子学を教えることによって、忠とか孝を中心とするような、つまり、「お上にはしっかり従いなさい。目上の人の言うことは絶対に聞きなさい」みたいな、いわば集団を安定的に維持するために儒学が使われました。それが江戸時代が終わっても道徳や価値観としてずっと続いてきていると思います。明治になって、将軍が天皇に変わっても基本構造は変わりませんし、大日本帝国から日本国に変わっても、この構造はあまり変わっていないと思うんです。

昌平黌（しょうへいこう）：江戸幕府が設立し直轄した学校。昌平坂学問所、聖堂とも呼ばれる。五代将軍綱吉の文教奨励政策により、孔子廟や寮が神田湯島に建てられた。松平定信が進めた寛政の改革によって儒教の学問体系である朱子学が正学となり、幕臣や藩士らの子弟を集めて教育した。

ですから、日本は、個人が自立していくという経験をまだしていないのではないか。

やはり、「お上」に従ってゆくということが今も大事で、今の若い世代でいうと「空気を読め」と。空気を読んで突出することを嫌いますから。個として自立し、際立ってゆくということは、日本ではあまり良しとはされません。集団主義のようなものを下支えしてゆく宗教性のようなものが長くあったということに対して、私たちがどのように向き合ってゆくかという問いがあるのではないかと思います。

「自己責任」「自助」の対極にある思想

櫻井　やはり、その国の文化、歴史性を踏まえた上で、政治と宗教のあり方とか、宗教団体の活動を社会として行政がどう対応していくか考えてゆかなくてはいけないと思いました。

金塚さんが「セクト規制法」についてのお話で使われた言葉の中に、「自由」ということがあるし、「弱者を守る」ということがありましたが、これは日本であっても大事なことだと思います。ただ、その「自由」がいったい何であるかということと、「弱者を守る」その守り方はですね、実はかなり違うのではないかなと私は思うのです。たとえば、精神障害を持っておられる方の入院日数は、日本では平均二七〇日を超えます。これは、具体的には障害者であるということで、社会の中でそのまま生活するのではなくて、ある種の〝隔離〟です。〝加療〟ということなのですけれども、実際は〝隔離〟だと思います。一方、フランスにおいては、入院日数は大体二週間なのだそうです。つまり、社会の中で生活する自由を認めるということ。もちろん、その人だけでは生活できないので、カトリックのいろいろな団体とかがですね、一緒に住むというようなかたちでケアをする。中間団体というお話もありましたが、こういう団体の活動が非常に活発ですね。こういう具体的なところを踏まえずに法律の文言だけを導入すると、やはりコンテキストのエラーが起きてくるのではないかと思います。

あと、これは田中さんもご指摘になったように、政治と宗教の関係というのは、単に日本というよりも、やはり東アジア地域に政治が宗教を使うという側面が非常に強いのではないかと思います。中国では、「宗教事務条例」というものができまして、宗教団体を行政的に管理する。「邪教」と言われますが、そのようなカルト的教団を、ある意味で国が徹底的に統制し排除するというやり方でして、中国公民の安全を国家が保障するという、フランスとはまったく別な形で典型的な統制国家という形ができてしまっているわけです。

宗教事務条例：二〇〇四年に公布され、翌年施行された中華人民共和国の宗教に関する法規（全七章四八条）。宗教活動、活動の場所、教育、出版などで宗教団体や信者の権利を規定する一方、行政が体系的に宗教を管理するために立法された。宗教側の権利を守るとともに、宗教活動が踏み越えてはならない範囲も明らかにしている。

ですから、宗教団体にはさまざまな逸脱例があると思うのですが、逸脱した場合に行政的に管理統制していくのか、そのたびに政治団体や社会団体などが批判しながら行動を抑制させていくのか、そのやり方をよく考えなければいけないと思います。

日本は、やはり宗教の行政的な管理といいますか、悪く言えば利用するという特徴が非常に強い歴史性を持っているので、その意味で、私は宗教団体に対する活動の規制ということに関しては懸念を持っていますし、慎重に見ていかないといけないのではないかと考えております。

金塚　中間団体をどう置くかという議論については、確かにフランスでは歴史的にはそれを解体してきたという面と、現実にはたくさんの中間団体があって助け合いをやっているという面があります。国是としては非宗教ですが、そこには、一九〇五年の「政教分離法」というものが大きく存在しています。

それとおそらくセットで読むべきなのが、憲法第一条に書いてある「ソシアル」という言葉です。「社会的な」共和国であるというものです。「非宗教」かつ「社会的な」共和国ということを、セットで捉えるべきだろうと思っていますが、おそらく日本語の問題として、この「社会的な」というものの適当な訳語がありません。「社会的」とは福祉国家という意味をもちますが、そこから、お互いの支え合いであったり、弱者を守るという思想も、この「社会的な」というところから出てくることになります。福祉というだけではなくて、弱い立場の人をどう守ってゆくかということも、今後、日本でもっと議論されるべきだと思います。

さらにもうひとつ付け加えると、日本社会は「自己責任」や「自助」という言葉がすごく強いと思います。おそらく「社会的な」ものとの対極にあるのが「自己責任」で、ある意味ではカルトに行ってしまう人も「自己責任」ではないかと、そういう見方も一部にあるのではないかと思います。

このたびの日本の新法というのは「自己責任」に押しつけてゆかないための、ひとつの大きな手がかりになるのではないかとも思っています。人を守るということを考えるとき、この「自己責任」論というものをいかに抑えてゆけるのかも重要な課題になってくると考えます。

なぜ「信教の自由」と「政教分離」は結びつくのか

国家神道・家父長制との決別を謳った日本国憲法

小原　それではここで、日本としての問題を考える上でも、駒村さんから日本国憲法が定めるところの「信教の自由」と「政教分離」の関係について伺えればと思います。

駒村　はい。日本国憲法の人権条項というのは、実はかなりシンプルなんですね。アメリカの憲法、あるいは他国の憲法と比べても細々《こまごま》とした規定をしない原則的でシンプルな書きぶりだと言えると思います。その中でも、比較的豊かな条文内容を持っている規定がいくつかあって、その代表的な条文のひとつが「信教の自由」を謳う憲法二十条と八十九条なんです。ここにはかなり細かいことがいろいろ書かれていて一項から三項まであり、しかもさらに、八十九条では「公金の支出制限」についての定めがあって、「政教分離」を財政的に裏づけるという構成になっています。

信教の自由は、何人に対してもこれを保障する。いかなる宗教団体も、国から特権を受け、又は政治上の権力を行使してはならない。
二、何人も、宗教上の行為、祝典、儀式又は行事に参加することを強制されない。
三、国及びその機関は、宗教教育その他いかなる宗教的活動もしてはならない。
（「日本国憲法」第二十条）

公金その他の公の財産は、宗教上の組織若しくは団体の使用、便益若しくは維持のため、又は公の支配に属しない慈善、教育若しくは博愛の事業に対し、これを支出し、又はその利用に供してはならない。
（「日本国憲法」第八十九条）

駒村　もうひとつ、比較的詳細な規定を施しているのが「家族条項」です。これは憲法二十四条の一項と二項になります。こちらも、かなり細かなところまで規定されているんです。

婚姻は、両性の合意のみに基いて成立し、夫婦が同等の権利を有することを基本として、相互の協力により、維持されなければならない。
二、配偶者の選択、財産権、相続、住居の選定、離婚並びに婚姻及び家族に関するその他の事項に関しては、法律は、個人の尊厳と両性の本質的平等に立脚して、制定されなければならない。
（「日本国憲法」第二十四条）


駒村 これら二つの条文には共通する要素があって、いずれも明治憲法体制のもとで展開されてきた典型的な悪弊と決別するために導入された条文であるということです。

まず、二十条の「信教の自由」と「政教分離」は、国家神道に象徴される神権国家体制、神がかりで政治をやろうとする体制とはもう決別するんだという条文です。この条文は国家神道に対する反省から導入されたということを、最高裁は強調してきた。

他方で、二十四条もまた、家父長制的な家族観あるいは封建的な家族観と袂を分かつんだということで導入されているんですね。

ですから、この二つの人権条項というのは、中身がかなり細かく規定されているということ。もうひとつは、いずれも明治憲法体制におけるいろいろな宿痾と決別をするんだという宣言の規定になっているということです。この条文を解釈するときに、このような背景を抜きにして語ることはできません。

ですから、我々憲法学者も非常にこれらの条項を大事にしているんですけれども、今回の議論でいきますと、この二つの領域が——何と言いましょうか——過去に先祖返りしようとしているような動きがある点が気がかりです。

「政教分離」も何となく骨抜きにされている部分があって、宗教色を脱色した儀礼的行為を政

最高裁は強調してきた：例えば、津地鎮祭事件（本書一一七頁「註」参照）において最高裁は、「わが国では、過去において、（中略）国家神道に対し事実上国教的な地位が与えられ、ときとして、それに対する信仰が要請され、あるいは一部の宗教団体に対しきびしい迫害が加えられた等のこともあつて、旧憲法のもとにおける信教の自由の保障は不完全なものであることを免れなかつた」とし、これを前提として同判決は「昭和二一年一一月三日公布された憲法は、明治維新以降国家と神道とが密接に結びつき前記のような種々の弊害を生じたことにかんがみ、新たに信教の自由を無条件に保障することとし、更にその保障を一層確実なものとするため、政教分離規定を設けるに至つた」「憲法は、政教分離規定を設けるにあたり、国家と宗教との完全な分離を理想とし、国家の非宗教性ないし宗教的中立性を確保しようとしたもの、と解すべきである」としている。愛媛県玉串料事件最高裁判決（本書一一七頁「註」参照）にも同様の記述が見られる。

治が利用する。例えば、しばしば問題になる閣僚の靖國神社参拝や、安倍元首相の国葬もそうですが、あのような形で政治指導者を弔うということの背後には、おそらくある種の霊性的な発想があると思います。それがあからさまな宗教性をもたないようにしなければならない。

それから、家族問題に関しても、たとえば選択的夫婦別姓の問題、あるいは最近では同性婚の問題が提起されているにもかかわらず、ほとんど手を打ってきていない。少子化やドメスティック・バイオレンスが深刻だということは再三言われるのですが、これもなかなか進まない。

他方で、日本の家族構成の推移を見ますと、皆さんご存知だと思いますが、単独世帯が多くなっています。すべての総世帯数における単独世帯の割合が激増していて、お子さんがいる家庭というのは本当に少なくなってきている。かつて「標準世帯」といわれた「夫婦と子ども二人」という世帯は、いまや五パーセントを切っているわけですね。ですから、保守派がこだわる「良き家庭」の像というのは、とっくの昔になくなっているわけです。昔ながらの家族の肖像の前に立って、「昔は良かった」と言い続けているだけではダメなことが明らかです。古い家族の肖像を眺めているだけで、「何かどこかでこの事態も好転するんじゃなかろうか」「祈りを捧げていればどうにかなるだろう」みたいな状況にあるわけですね。ですから、この二つの条文は、そういう同じような状況ないし課題を抱えているということがあると思います。

「宗教団体」と「政党」の癒着を生み出す共通性

駒村　もうひとつ。これも重要な点ですので触れておきたいと思います。

先ほど、「家庭」と「宗教団体」は両方ともアンタッチャブルで、これをどうにかしなければならないという話をいたしました。しかし、日本の憲法体制の中で、アンタッチャブルな団体というのは、もうひとつあるんです。

それは「政党」です。

最高裁判例によれば、宗教団体の内紛に対しては高度の自律性が認められていますし、これは政党についてもそうです。高度の自律性が認められている。そういう意味で、法的な介入の余地が極めて狭いのが、宗教団体と政党というこの二つの団体の特徴です。

さらにそれだけではなくて、この二つの団体は、いずれも公的な財政的手当てがあるという点でも共通しています。

最高裁判例：宗教団体の自律性については、「板まんだら事件」最高裁第三小法廷判決（一九八一年四月七日）、政党の自律性については、「共産党袴田事件」最高裁第三小法廷判決（一九八八年一二月二〇日）が、代表的判例としてあげられる。

政党においては政党交付金が支払われている。これは、本来であれば企業献金などを抑制した上で、という趣旨だったわけですけれども、現状ではダブルでもらっているわけですね。そういうかたちになっている。しかも、会計管理も極めて緩い状況があります。宗教団体については、非課税措置が行われていて税金がかからない。かかるとしても、軽減税率が適用されている。何をやろうが自律性が担保されて、かつ、税金から支援を受け――それが積極的なのか消極的なのかという質の違いはあるにせよ――会計処理も緩いということになりますと、この二つが連携を組み、あるいは場合によっては癒着するということはもう自然のなりゆきだということになります。

もっとも、今の憲法体制では、これは痛し痒しのところが確かにあります。「信教の自由」は大事だし、「政教分離」の要請がありますから、そうやすやすと宗教団体には介入できませんし、そして政党についても一定程度そうであるということは理解できます。しかし、そのことだけを強調して、こういうような規制法が出てくるたびに、「でも信教の自由、政教分離がありますから」と煙に巻いてしまえるということになると、せっかくできた法律も結局、適用を控えることになってしまって何の意味も持たなくなる。こういう構造が今、日本国憲法のもとで展開されているのではないか。そう問題提起したいと思います。

「個人」の側に取り戻すべき宗教と社会

小原　今のお話の中には、日本国憲法の特徴、大日本帝国時代との関係、社会との関係、それからさらに、最近議論になっている夫婦別姓問題や同性婚の問題が出て参りました。これらは、いずれも家族をめぐる問題ですが、田中さんはどうお考えですか。

田中　まさに未分化な状態——宗教と国家と家族がすべていっしょくたになって未分化な状態というものが続いてきたんだと思うんですね。この変化を私たちはちゃんと捉えなければならないんだけれども、これは日本の社会だけじゃなくて世界的な変化ですよね。世界の変化を捉えなければならないときに、それをまったく捉えない。それは、おっしゃった通り観念的な家族観だと思います。

それで、そういうことがあるということを認めた上で言うと、観念的な家族観が女性に対して与えている大きな影響を、ちゃんと皆さんに理解していただきたいと思うんです。つまり、女性たちがそういう家族観の中で、どういうふうに生きてきたかという歴史を私たちはちゃんと知らなければならないし、今のような社会になって、男性一人が家族を支えるということすらできなくなってきているという社会の中で、女性たちが何でもやるという状態がずっと続いてきたわけです。一人の人間として、自分も仕事をしながら生きていくということを考えたときに、それが極めて困難だということがいまだに続いている。それは単に法的な整備とかいう問題だけではなくて、やはり歴史的にずっとつながってきたある種の権威主義ですね、それから、宗教と国家の癒着というものがかなり大きな影響を与えているんじゃないかと思います。

そうすると、その家族問題を含めて、私たちは何を基準にしたらいいのか。

個人なのか。もちろん日本国憲法は個人ということを基本に据えようと決断したわけですから、まず私たちはそこから出発しなきゃならないと思います。中間団体の重要さ、コミュニティの重要さということを、もちろん見直しつつなんですけれども、やはり根本的なところは、宗教すら本当に個人の問題、個人が守る問題、個人の心の問題と言うんでしょうか、内面の問題だと言いながらも内面の問題になかなかなれないと言うんでしょうかね。しかし、本来、宗教というのは、やはり一人ひとりの中での個人の問題として、もう一度、個人の側に取り戻していかなければならないと思います。

非常に多くの女性たち――今回の統一教会問題というのは、八〇パーセントくらいが女性の問題なんですよね。これは先ほど申し上げた孤立や孤独の問題とつながってくると思うんですが、ではどうして家族の中で孤立するのか、なぜ家族がいるのに孤独なのかということも、女性が抱えてきた問題に非常に大きな関係があります。それを女性としてどう捉えるかというときに、家族を信じるのではなく、つまり観念的な「家族」に寄りかかるのではなく、やはり「一人の人間としてどう生きるのか」というところに軸を定めて生きてゆかなきゃならないんですよ。そういう決断を私たちはしなければならないんですね。そういうところから、もう一度、社会とか宗教というものを見直して議論に入ってゆく必要があると思っています。

小原　私もそう思います。個人と家族の関係が整理されないまま、未分化のまま今に至っているということが、今、議論になっているカルト問題の背景にあるのではないかと思います。

旧統一教会の場合には、とりわけ家族ということを強調し、それは封建的で家父長的な家族観なんですけれども、それと同じく「その家族観が大事だ」と考える保守派の政治家と癒着が生じやすいのではないか。家族というキーワードでもって、宗教の世界と政治の世界が結びついている構図が、一連の事件の中で露呈されてきたと思います。

金塚　私も同感で、駒村さんのご指摘を非常に興味深く伺いました。やはり二十条と二十四条、それが大日本帝国憲法体制との決別の条項で、それによって確かにたくさんの憲法訴訟がありましたし、私自身も夫婦別姓訴訟に関わったことがあります。

しかし、かろうじていくつかの違憲判決が出てはいるものの、例えば夫婦別姓訴訟はことごとく敗訴しているわけです。そこにそびえる壁、どうしても動かない何か「意識」というようなものがあると感じています。

裁判官の中にも、当事者が何をどう訴えてもある強固な何か、動かしてはならない何かがあると感じますし、「政教分離」についても通常の感覚からしたら、「どうしてこれが違憲判決じゃないんだろう」というものがやはりあるように思います。社会通念だと言いながら、私の社会通念からすると違憲ではないかと思われるものを、最高裁はどこから調達したかわからない社会通念と一般人の「意識」といったもので合憲としている。その裏に何があるのかという問題意識を強く持っています。

それらを踏まえて――何て言うんですかね。広くと言いますか、大きく見過ぎかもしれませんけれども――よく比較法で言われるのが、東洋的には法というのは統治の手段であって、西洋法は一種の理想を実現する、正義や理想を実現する手段であるといった言われ方がありまして、これはあまりに大きな二分法であるとは思うものの、このような話をしてくると、どうしてもこの大きな二分法にたどり着かなければならないような気もするのです。

例えば、今なかなか動かない同性婚や夫婦別姓の問題についてもそうですけれども、さまざまな人生を可能にするために法律があるのか、あるいは人を特定の型に当てはめるために法律があるのかということが問われる。残念ながらどうしても、日本の法というのは後者の方に属してしまっているのではないかというふうに思っています。これも、法に関するビジョンということにおいて、抜き差し難いものがあるのではないかと、夫婦別姓訴訟に関わっていた立場としても思います。どうしても、「この型に嵌《はま》っていなさい」というような感じが強く、それは旧体制との決別が憲法で宣言されてもなお、「やはり元に戻りたい」という、さきほど田中さんがおっしゃっていた情動というものが、やはりどこかにあるのではないかと考えます。

そのような中で、本来はあまり動かしたくないけれども、今回、旧統一教会の問題で大きく騒がれたので、仕方ないからピンポイントでここだけは絆創膏的に――島薗さんもおっしゃっていたように――絆創膏的な対応をする、それでパッチワークみたいな寄せ集めでバラバラになってしまっているという問題があると思います。

ここで全体として、何のために法があるのか、ということも突き詰めて考えてゆかねばならない、そんな時期にきているのではないかと、今の議論を聞かせていただいて思いました。

法規制の前に必要な「社会的領域」からの批判

櫻井　統一教会問題が、今、焦点化されてはいますけれども、やはり宗教問題というのはいろいろなかたちがあるわけです。これをどうしていくのかという際に、私は自分のベースが社会学ですし、社会学という学問はフランスから出ていますので、当然、個人と国家の間にある「社会的領域」ですね、それをどういうふうに考えていくかが問われます。

私は、この「社会的領域」というのが非常に大事ではないかと思っているのです。

個人が国家に包摂されればいいのですけれども、飲み込まれるというのは問題だし、個人がいろいろなかたちで考え行動する中でバラバラになることも、それはそれで問題がありますから、その社会的な統合や社会参加というかたちで、それを支援する領域として、中間団体や社会集団があると思いますが、私は、この社会集団のレベルでの宗教問題に対する批判が弱いのではないかと思います。

統一教会の問題というのは、もう三〇数年ずっとあるわけです。さまざまなかたちで報道はされていましたが、メディアがこのようなかたちで問題化するということはなかった。何故なかったのか、ということです。

これはアカデミズムもそうだろうと思います。宗教研究の中でもカルト問題を研究する人間というのは非常に少ない、というよりも、ほぼいない状況です。

私は、大学でこのような研究をして、新入生を対象に、「カルトに注意」的なオリエンテーションをやってきたわけですけれども、そうしますと、「信教の自由」ということを理解していない大学教員として批判されてきました。当該の教団から総長宛あるいは学部長宛で、内容証明郵便で批判を受けるとか、ネットにいろいろなことを書かれるということがあるわけですね。

やはり、「信教の自由」を侵害すると言われると、多くの人は思考停止状態になって、それ以上踏み込むことを躊躇します。これは憲法を遵守しているからではなくて、「恐れ」だと思うのです。具体的な批判的リアクションがあったときに、それを個人で受けなければいけないということが、私は日本の問題だと思います。被害者の団体の方、あるいは「二世信者」の方がいろいろな問題があると言うとき、今はその方々が自分で背負っておられます。その人たちを守るような社会団体がしっかりあれば、安心して問題点の指摘ができると思うのです。

やはり私は、批判というのは「社会的領域」で行い、それがどうしても限界に至ったときには、さらに法律的な規制ということを考えるということが重要ではないかと思います。日本の場合は、この「社会的領域」の批判や活動が不十分で、ほぼなされないままに、いきなり法的な規制の問題に入ったので、「これはどうなんだろう」ということになっていると思っているのです。

小原　今まで皆さんのご指摘を伺って、旧統一教会をめぐる問題も、宗教のことのみで議論を進めるのではなく、政治との関係や憲法との関係など、総合的に考えて、はじめて我々が踏み出す次の一歩が見えてくるのではないかということが明らかになったように思います。

島薗　本当に皆さんから豊かで多面的な、また国際的視野からの問題のご指摘も多々あり、非常に深く広く考えることができたのではないかと思っております。フランスがひとつの参照軸になりましたが、アメリカの話も出ましたし、中国の話も出ました。例えば家族の問題で、今、世界を考えるときには、女性とイスラムの問題がとても大きいと思いますし、アメリカにおいてもキリスト教の宗教右派勢力が、家族の価値を掲げて個人、特に女性の人権に対して制約を課すという側面が常に問題になっています。

憲法というのは時代を越えて存続しなければならないものであるけれども、しかし、時代の経験によってまた練り上げられていくし、解釈も変わってくる。ですので、我々が宗教に関わって、今どういう経験をしながらどのような課題に向き合っているのか認識することが重要だと思います。このようなことを鑑みながら、今後も「信教の自由」と法規制の問題について、さまざまな分野の方がこの問題をより深めていくために関わるべきだと思いますし、そういうことを訴える討論ができたのではないかと思います。ありがとうございました。

一同　ありがとうございました。

column　フランス「セクト規制法」二〇二四年の改正問題

金塚　彩乃

番組の中で、セクト規制法について紹介しましたが、二〇二四年に入り、このセクト規制法が改正されることとなりました。法改正が必要とされたのは、昨今、一般的な医療を否定し、独自の、あるいは何らの根拠にも基づかない代替治療を提案する新たなセクトが重要性を増したという背景事情があります。さらに、ソーシャルネットワークなどを通じて教義を広め、信者を獲得するなど、新しいタイプの教祖（フランスでは「グル2．0」と呼ばれる）が増加し、その問題に対処する必要性も高まっていました。

そんな一般的な科学的知見に基づかない民間療法の問題は、監視機関であるミヴィリュード（MIVILUDES）による二〇一六年から二〇一七年上半期の報告書でもすでに重大な関心事項として扱われていました。また、この報告書に収録された「ワクチンに対する抵抗：公衆衛生に対する挑戦から社会問題まで」と題された論文は、二〇〇八年から二〇一二年にフランスで大流行したはしかの感染率が、一定の集団において高いことに着目し、ワクチンの拒絶が一定の団体の教義や主張と関連している事実を指摘していました。

そうした懸念に加え、新型コロナウイルスの大流行によって人々が直面する健康不安の中でセクト的活動が増加し、ミヴィリュード（MIVILUDES）に対する通報も二〇二一年には四〇〇〇件を超え、二〇一五年と比較するとほぼ二倍となりました。そして、そのうちの四分の一が健康の分野に関する通報だと分析されています。

このような状況に対処するため、フランス政府は、二〇二三年一一月一五日に、「セクト規制法」の改正案をまず上院・元老院に提出しました。

「セクト規制法」は一定の信仰の内容を問題として取り締まるのではなく、人の自由や権利を侵害し、あるいは法律に違反する一定の行為を「セクト的逸脱」として規制するものであり、いわゆる宗教的な活動と言えないようなものでも、「セクト的逸脱」に該当する行為の発展形態に合わせて法律を改正する必要があると考えられたのです。

しかしながら、上院も下院も、新たな事態に対応する必要の認識は共有しながら、どのような法律とするかについては、深刻な意見の対立がありました。とりわけ、代替医療の提案の規制は、表現の自由や、市民の治療行為を選ぶ権利を侵害することになるのではないかが問われました。

元老院は政府提出法案を審議する第一読会で、政府提出法案に大幅な修正を加えて、二〇二三年一二月一九日の可決後に、修正後の法案を国民議会に送付しました。国民議会では、規制を強める方向での再修正を行った上で、二〇二四年二月一四日に法案を採択しました。

元老院と国民議会において同一文言では法案が採択されなかったため、憲法四十五条に基づいて「同数混合委員会」が政府により招集され、両院から任命されたそれぞれ七名ずつの議員が協議して、調整案を探ることになりました。しかし、この委員会でも意見の一致が得られることはなく、再び、法案は元老院と国民議会の審理に付されることとなったのです。

法案は、二〇二四年三月二〇日に元老院の第二読会で法案が採択された後、国民議会の審理に付されましたが、国民議会はさらに修正を施した法案を採択し、両院の間での意見の一致はありませんでした。この場合、政府は国民議会で採択された法案を最終的な法律と決定することができるため、二〇二四年四月九日に採択された国民議会の法案が「セクト規制法」改正法として、元老院との一致を見ないまま、最終的に採択されることとなりました。

紆余曲折を経て最終的に採択された法律は、次の通り、セクト的逸脱の取り締りを強化することと、被害者支援のサポートの改善を中心としています。

まず、法律の第一章では監視機関ミヴィリュード（MIVILUDES）を法的に位置づけ、その役割を明確化しました。第二章では、刑事責任追及の強化、未成年被害者の保護、心理的あるいは身体的隷属状況に置かれた被害者のサポート、健康の保護等が謳われています。

その中でも特に注目されるのが、第二章第一条での「脆弱性濫用罪」の整理・厳罰化と、第四条の「代替医療に関する規制」です。

第一条の「脆弱性濫用罪」は、未成年や病人、障害を持つ人、高齢者、妊婦など弱い立場にある人に著しい損害を生じさせることなどを処罰するもともとの条文に、二〇〇二年のセクト規制法によって、「心理的に操作された人」の保護も追加されたものでした。

今回の改正法は、この条文を整理して、「類型的に弱い立場にある人」と、「心理的操作により判断能力を奪われた人」の保護を区別しています。後者の場合は、繰り返される重大な圧力の行使、あるいは判断能力を侵害するための技術を用いて、その人の身体的あるいは精神的健康を害する効果を有し、あるいはその人にとって重大な損害を生じさせるように導く心理的・身体的隷属状況に人を置くような行為に対して、三年以下の懲役あるいは三七万五〇〇〇ユーロ以下の罰金が科されます。

また、「グル2.0」対策として、インターネットを通じたセクト的逸脱の拡大に対応するため、いずれの場合も、そうした行為がインターネットなどを通じて行われる場合には、罪は重くなり、五年以下の懲役及び七五万ユーロ以下の罰金が科されることとなりました。

第四条は、病気を患う人に対し、繰り返し圧力や働きかけを行い、医学的知見から有効だと考えられている治療的あるいは予防的な医療行為を放棄させ、あるいは受けることを断念させるように扇動する行為であり、その放棄や断念がその病状に照らして身体的あるいは精神的健康に対し著しく重大な影響を与えることが明確である場合に、一年以下の懲役あるいは三万ユーロ以下の罰金刑とするもので、健康被害を生じさせる代替医療に対応するものです。また、その時点の医学的知見から死や回復不可能な障害を負わせるような行為を、治療的あるいは予防的な医療行為だとして行わせるよう扇動する行為も、同じ刑罰が科されるとされています。

以上の行為は、扇動行為自体を処罰するもので、この扇動行為の結果、実際に被害者（患者）が扇動行為の内容を行ってしまった場合には、刑罰が引き上げられて、三年以下の懲役あるいは四万五〇〇〇ユーロ以下の罰金とされています。

ただし、患者の医療行為選択の自由を守るため、患者本人が自由かつ明確な方法でその選択を表明した場合には、刑事処罰の対象からは除外することでバランスを取ろうとしています。といっても、本人が身体的あるいは心理的隷属状況下にある場合に表明した選択は、自由かつ明確な選択だとはみなされないとも定められています。

二〇二四年四月一五日に、この法律の施行に先立ち、これに反対する右派の議員らにより、憲法院に違憲立法審査の申し立てが行われました。とりわけ極右の国民連合（ＲＮ）は、第四条が人権宣言の定める意見表明の自由を含む「表現の自由」に違反していると、強く反発しました。憲法院が違憲と判断すれば、この法律あるいは該当条項は廃止されることになります。

憲法院は同年五月七日に、立法手続きにかかる形式面で問題があった箇所を除いて、改正法を合憲だと判断しました。改正法が「表現の自由」に違反しているという主張については、憲法院は「表現の自由」は民主主義の基礎であり、その他の自由や権利の基礎にもなる重要な自由とする一方で、改正法の目的は、健康の保護と社会秩序の維持、犯罪行為の予防であって、「表現の自由」に対する制約は、改正法の目的のため必要であり、適合的であり、かつ比例的であるとして、改正法が「表現の自由」に違反するという主張を退けました。その結果、五月一〇日付で改正法は施行されることとなりました。

こうして、施行までに紆余曲折を経て法改正は実現しました。人の内心が関係する問題にどこまで法律が介入するべきなのかということについては、フランスの国会でも議論が大きく割れました。しかし、弱い立場にある人を、偽《いつわ》りの医療情報から守るべきだという考え方は共有されていました。日本でも、被害者を何としても守るという視点に立って、弥縫策《びほうさく》としてではない手段を検討していく必要があると言えるでしょう。

column 「信教の自由」と「良心の自由」

小原　克博

歴史を踏まえることの意義

二〇二二年の安倍元首相銃撃事件以降、政治と宗教の関係に関心が向けられ、同時に「宗教二世」と呼ばれる当事者の声も社会に届くようになりました。特定の宗教教団の内部事情が少しずつ明るみに出る中で、「宗教二世」の救済や「信教の自由」「政教分離」も広く議論されるようになりました。

こうした議論は今も継続中ですが、議論が人々の認識を新たにし、社会を変えてゆくためには、議論が一過性のものとならないよう注意を向ける必要があります。特定の宗教団体によって引き起こされた問題を解決してゆくために、個別の議論を深めることが大切です。

それとともに、「信教の自由」などをめぐる議論を近現代の日本史や、「信教の自由」の思想的起源となる西洋史の中に位置づけ、この議論が普遍的な側面を持っていることを認識する必要があります。歴史を踏まえなければ、地に足の着いた議論を継続的に行うことはできません。

「信教の自由」をより広い文脈に位置づけるため、本稿では「良心の自由」を取り上げます。諸外国の憲法では、「信教の自由」「良心の自由」は一体的に扱われることが多いのに対し、日本国憲法では二十条と十九条に分けられています。この背景には、明治憲法下の治安維持法のもと、特定の思想を反国家的なものとして弾圧したり、国家神道や教育勅語のイデオロギーのもと、特定の宗教を反国家的なものとして統制・弾圧してきた歴史への反省があると考えられます。

こうした歴史を踏まえることは、現在の状況を俯瞰する上でも重要ですので、まずは近代日本における「政教分離」「信教の自由」を概観します。

近代日本における「政教分離」と「信教の自由」

そもそも、「政教分離」は何のために求められたのでしょうか。この問いに対する答えはひとつではないにしても、西洋と日本とでは大きく異なることは容易に察せられます。

欧米の多くの国家は、カトリックとプロテスタントの違いや信仰理解の違いに触発された戦争や異端紛争などを経験しながら、二〇〇年近い年月をかけて、「信教の自由」の保障などを目的に、それぞれの「政教分離」のあり方に到達しました。実際、各国における「政教分離」の理解や運用は、その国の歴史事情との関係から、実に多様です。そして、長い年月を経て検証・修正されながら形成されてきた「政教分離」は、どの国においても、多かれ少なかれ「妥協の産物」であると言えます。しかし一方で、血で血を洗うような争いの愚を終息させ、激しい主張の対立を対話と協調へ向かわせるための知恵がそこには凝縮されており、そのことが「政教分離」を近代国家の必須要件とする考え方にもつながっています。

「政教分離」のあり方をめぐっては、二一世紀になっても、人口移動に伴う社会の構成員の多元化や宗教の多元化の中で激しい議論が続いており、「政教分離」は西洋社会にとって重要テーマのひとつであり続けていることがわかります。

日本における「政教分離」の成立は、まさに西洋諸国の間で「政教分離」が近代国家の大前提とされていたことと深い関係があります。

端的に言うなら、日本で「政教分離」が求められたのは、内的必然性によるのではなく、国際社会において近代国家として独立した位置を占めるために必要な安全保障上及び通商上の理由によります。「政教分離」とそれによって保証される「信教の自由」を対外的に示すことなしには、不平等条約の改正すら、ままならなかったのです。明治政府は、日本の伝統にとって極めて異質な考え方を短期間の内にどのように日本の土壌に移植すべきか、という課題に直面しました。

日本で「信教の自由」の重要性が社会的に認知され、それが法制度的に明確になったのは、一八八九年の大日本帝国憲法の発布においてです。この時からアジア・太平洋戦争の敗戦に至るまでの半世紀余の間、帝国憲法における「信教の自由」が、近代日本の政教関係の基本構造を決定することになりました。それは帝国憲法の第二十八条で次のように規定されていました。「日本臣民ハ安寧秩序ヲ妨ケス及臣民タルノ義務ニ背カサル限ニ於テ信教ノ自由ヲ有ス」

これによって、条件付きではありますが、日本近代史において初めて「政教分離」の基礎が置かれることになりました。条件としての「安寧秩序」や「臣民タルノ義務」が何であるのかは解釈者の主観に依存する部分が大きいですが、天皇崇拝と神社崇敬が「臣民タルノ義務」の中核にあったこと、さらに、翌年発布された「教育勅語」と表裏一体の関係にあったことは、時代を経るにつれ明らかになっていきました。「教育勅語」は学校教育にも大きな影響を及ぼし、同志社のようなキリスト教主義学校は「教育勅語」が求める精神との妥協を余儀なくされました。

「良心の自由」「信教の自由」の形成

このような大日本帝国時代の経緯を経て、またその反省のもとに、日本国憲法では「思想及び良心の自由」(十九条)、「信教の自由」(二十条)が記されていますが、それらの自由権は、必ずしも日本国民が自らの力で勝ち取ったわけではないので、それらが獲得されてきた歴史に目を向けることが重要です。

「良心」概念は西洋史において長い歴史を持ちますが、それが後の基本的人権につながる権利として認識されるためには、一六世紀の宗教改革や、それ以降の各種の市民革命を経なければなりませんでした。ここでは詳細にそれらの歴史を振り返ることはできませんので、起点のひとつとなった宗教改革期からマルティン・ルターの言葉を取り上げます。ヴォルムスの帝国議会（一五二一年）で、その教説を撤回することを求められたルターは次のように答えたと言われています。

「教会や公会議はしばしば過ちを犯した。だから聖書の根拠、または明白な理性によって納得させられない限り、良心に依然として証拠を確信している。私の良心は神の言葉に縛られている。良心に逆らって行動することは確実ではないし、正しくもない。それゆえ、私は何事も取り消すことはできないし、また、そうしようとは思わない。私はここに立つ。私に他の在り方はない」

ここでルターは「良心」という言葉を使って、カトリックの宗教的権威と神聖ローマ帝国の政治的権威の両方に対峙しようとしています。

日本語の「良心」は、明治初期、「CONSCIENCE」の訳語として『孟子』から取られたので、儒教的ニュアンスが強く、それゆえ、秩序に従い、他者と軋轢を引き起こさないために「良心」ある振る舞いが求められてきました。

それに対し、西洋語の「良心」（原義は「共に知る」）は、共通善のような意味を含み持ちつつ、社会の権威に抗うような「内心」の独立性・自由の側面が強いと言えます。宗教的・政治的権威に対峙する前述のルターの「良心」はその典型ですが、第一次世界大戦以降、議論が本格化してきた「良心的兵役拒否」も、徴兵義務という成人男性に求められた規範に対する（多くの場合、宗教的信念に基づく）異議申立てでした。

「良心の自由」は、社会の世俗化の進展とともに、「信教の自由」から切り離され、宗教との関係なしに広く「内心」の自由として規定されていくという面もありますが、両者の歴史的つながりを知っておくことは、「信教の自由」がはらむ永続的な課題を正しく認識するためにも欠かせません。

「良心の自由」も「信教の自由」も、基本的人権や個人の尊厳、多様な意見が尊重される民主主義の前提となる概念であり、また、個人（私的領域）と社会（公的領域）の関係を問い直す概念です。そのような意義を再確認するような議論が、今こそ求められているのです。

【参考文献】小原克博『宗教のポリティクス―日本社会と一神教世界の邂逅』晃洋書房 二〇一〇年
同志社大学良心学研究センター編『良心学入門』岩波書店 二〇一八年

column　「解散命令請求」の憲法論

駒村　圭吾

旧統一教会に対する解散命令請求ですが、番組終了後も、文科省による「質問権」行使が七回に及び、二〇二三年一〇月一三日、同省は東京地裁に解散命令の請求を行いました。

この原稿を執筆している二〇二四年九月四日現在、本件は東京地裁において審理中ですが、他方で、旧統一教会が質問権の行使そのものが違法であるとして多数の質問に対する回答を拒否したため、東京地裁は過料一〇万円を命じました。東京高裁でも認められ、九月二日には旧統一教会側が最高裁に特別抗告をしています。

事態は緊迫していますが、ここで振り返っておきましょう。

二〇二二年七月八日に発生した安倍晋三元首相の銃撃事件がきっかけとなり、旧統一教会の問題行為が再び大きくクローズアップされると、それに対する政府の対応を求める声が日に日に大きくなりました。対応策のひとつとして、宗教法人法に基づく解散命令に注目が集まります。

同年一〇月一八日、衆議院予算委員会において、立憲民主党の長妻昭議員が、「文化庁は、解散命令請求ができるのは刑事事件の確定判決が下された場合に限られるとの解釈を採っているが、この解釈を変えない限り、政府が同教会を調査しても意味がない。解釈を変えたのか？」という趣旨の質問をしました。これに対して、岸田文雄首相は、下記のように答弁しました（引用中の傍点は筆者によるもの）。

宗教法人の解散事由については、平成七年に東京高等裁判所が示し、そして平成八年に最高裁判所で確定した判決において考え方が示されております。

その中に、法人の代表役員が法人の名の下で取得した財産や人的、物的組織等を利用して行った行為であること、また、社会通念に照らして当該法人の行為と言えること、そしてもう一つ、刑法等の実定法規の定める禁止規範又は命令規範に違反するものであること、こういった要件を満たし、それが著しく公共の福祉を害すると明らかに認められる行為、又は宗教団体の目的を著しく逸脱したと認められる行為であることが客観的な事実として明白であることが必要、こうした考え方が示されております。刑法等の実定法規、このように記されています。これをどう解釈するのかということであります。

いずれにせよ、今の旧統一教会の問題につきましては、民法において組織的な不法行為と認定された事例が二件あるという状況であります。

こうした状況の中で、具体的な実例をしっかりと積み上げていくことが重要であるということから、こうした報告徴収、そして質問権の行使、これを行うことが必要であると判断し、この手続に入ることを決した次第であります。

平成八年（一九九六年）の「最高裁判所で確定した判決」とは、オウム真理教解散命令事件決定（最一小決平成八年〈一九九六年〉一月三〇日民集五〇巻一号一九九頁）ですが、解散事由に該当する行為については、本最高裁決定が語るところは多くありません。むしろ、その原決定である東京高裁決定（東京高決平成七年〈一九九五年〉一二月一九日）の方に首相答弁は大きく依拠していました。

この高裁決定を仔細に見ると、そこで示された解散事由に該当する行為（宗教法人法八十一条一項一号二号）とは、

①「宗教法人の代表役員等が法人の名の下において取得・集積した財産及びこれを基礎に築いた人的・物的組織等を利用した行為であって」

②「社会通念に照らして、当該宗教法人の行為であるといえるうえ」

③「刑法等の実定法規の定める禁止規範又は命令規範に違反するものであって」

④「しかもそれが著しく公共の福祉を害すると明らかに認められる行為、又は宗教法人法二条に規定する宗教団体の目的を著しく逸脱したと認められる行為」

を言うと判断されています。

高裁決定の右記③にあるように、禁止規範等は「刑法等」と書かれており、必ずしも刑法に限定されているわけではありません。この点を知悉していた長妻議員は、さきの首相答弁について、「民法の不法行為、これは入らないのか」と問い質したところ、岸田首相は、「おっしゃるように、民法の不法行為は入らないという解釈であります」と明確に答えたのです。長妻議員は、大要、「オウム真理教関連の判例は刑事事件の判例だからそう書いてあるだけであり、この解釈に政府が固執する限り、刑事的に訴追しても確定判決が出るまでは何年もかかるのであって、本件に取り組む首相の本気度が問われる」と詰め寄りました。これに対し、岸田首相は、「過去の例を見ても、日数がかかるからこそ、今回の案件についても事実関係を積み上げる必要があるという問題意識に立って、質問権等の行使に向けて手続を進めている」と応答しています。

ところが、翌一九日、参議院予算委員会で、岸田首相は、立憲民主党の小西洋之議員による「前日の解釈を変更するつもりはあるか」との質問に答え、次のように述べて解釈を変更しました。

これまでは、高等《(ママ)》、東京高等裁判所決定に基づき、刑法等の実定法規の定める禁止規範又は命令規範は、刑法など罰則により担保された実定法規が典型例と解してきたところであります。

この点につきまして、政府におきましても、改めて関係省庁集まりまして議論を行いました。そして、昨日の議論も踏まえまして改めて政府としての考え方を整理をさせていただきました。

御指摘のこの高等《(ママ)》、東京高等裁判所の決定、これはオウム真理教に対する解散命令という個別事案に沿って出されたものであります。一方、この旧統一教会については、近時、法人自身の組織的な不法行為責任を認めた民事判決の例があることに加えて、法務省の合同電話相談窓口に多くの相談が寄せられ、中には、法テラスや警察などに照会されていることを踏まえて、報告徴収・質問権の行使の在り方について詰めの作業を行っているところであります。

よって、政府としましては、今後、これらの事実関係を十分分析の上、東京高裁決定に示されている内容を参考に、行為の組織性や悪質性、継続性などが認められ、宗教法人法に定める、法令に違反して、著しく公共の福祉を害すると明らかに認められる行為又は宗教団体の目的を著しく逸脱した行為をしたと考えられる場合には、個別事案に応じて解散命令の請求について判断すべきであると考えております。

これに対して、小西議員が「民法の不法行為は入るのか」と確認すると、岸田首相は「個別事案それぞれに応じて検討するべきであり、結果として御指摘のように民法の不法行為も該当する」と応えました。そればかりではありません。さらに、首相はこう答弁しています。

行為の組織性や悪質性、継続性が明らかとなり、宗教法人法の要件に該当する、認められて、認められる場合、あらゆる法律が該当する、この判断は変わっていないと認識をしております。

以上のように、解散事由に該当する行為類型は、「刑法」から「あらゆる法律」に一挙に拡大したことになります。もちろん、どの法令違反が問題になるかは、他の実体的要件との関連で決まるものであり（「行為の組織性や悪質性、継続性」あるいは「著しく公共の福祉を害すると明らかに認められる行為」といった要件）、それだけを取り出して、拡大解釈が、厳格解釈が、という議論はあまり意味があるものではないでしょう。だからこそ、一八日の答弁の狭隘さが異様に映ります。法の支配や法治主義に頻回に言及する岸田首相であるから、判例にこだわりをみせたのだと思われますが、やはり「朝令暮改」と批判されたように、準備不足は否めません。

私としては、一九日の解釈はあり得る解釈だと考えますが、それでも、今回の解釈変更は、憲法上問題があると指摘せざるを得ません。

本件は、旧統一教会を含め、宗教団体には当然、「信教の自由」が保障されており、それが問題になる局面です。また、解散命令は、宗教法人の解散を求めるに過ぎず、宗教団体が消滅するわけではないにせよ、かなりの強制措置であることは間違いがありません。つまり、重要な人権に対する強度の制限をもたらす法文の解釈が、一日で変わるというのは、憲法の規範的安定性を揺るがすものであり、憲法解釈の信頼を損なうものなのです。

しかも、政府が依拠した東京高裁の決定自体が、そのような限定的なものの言い方をしていなかったわけです。もっとも、本件は、政府の憲法思想に問題があるというのではなく、ある意味で《強制措置はなるべく謙抑的であるべきだ》という、それ自体は憲法的に正しい、ある種の人権意識が首相答弁を支配したのでしょう。が、それだけに、やはり、政府の準備不足や拙速が、今回の一連の重要な法運用に対して、その初動において疑念を生むことになったのは残念です。

このことに限らず、その後の展開を見ても、また、かつてのオウム真理教に対する対応を見ても、かなり個別法律（狙い撃ち立法）に近い立法措置が行われるなど、宗教団体規制をめぐる憲法論が従来深まってこなかったことの例証となるような事態が続いています。

「信教の自由」と「政教分離」原則は、番組でも述べたことですが、日本国憲法の中心軸にあたるものです。ぜひ落ち着いた環境で、普段からしっかり議論しておきたいと思います。

column 分かり合えないもの同士で対話は可能か？

櫻井 義秀

カルト問題の調査研究がなぜ進まないのか

この二年間の統一教会報道によって政界とメディアのタブーは崩れました。統一教会に対する怖れがなくなったからです。

岸信介元首相から安倍晋三元首相に至る三代にわたる国際勝共連合とのつながり、自民党政治家が信者から選挙応援を無償で得ていることの返礼に祝辞や会合での挨拶をしていることなどは、一九七〇年代から週刊誌報道や有田芳生氏の著作で知られていました。全国霊感商法対策弁護士連絡会は、一九八七年から現在まで被害者の訴訟と社会への啓発活動に力を注いできました。私も三〇年来、統一教会問題に関わり、論文や著作を刊行してきました。

問題は知られていなかったわけではないのです。そのことを公然と語り、統一教会の社会問題性を批判することを敬遠してきただけなのです。この怖れは、宗教界と宗教研究者の間においてまだ解消されておりません。

　宗教界が怖れているのは、宗教に対する社会的信頼が失われるという風評被害です。それを避けるためには、統一教会と自分たちが「宗教」の名と実質においてどのように違うのかを説明しなければいけません。しかし、それをせずに、「カルト」とみなすことで、自分たちの問題として引き受け考えることを途中でやめてしまったのです。その態度を「信教の自由の尊重」と自己正当化する教団もあります。この便利な論法は思考停止を促します。

　宗教研究者はどうか。

　個人として怖い、関わりたくないに尽きるでしょう。私の実例をお話しましょう。

　大学では「カルト問題と公共性」といった講義を行い、裁判の判例などを公知の事実として示しながら、新入生に「カルト団体にご注意」というオリエンテーションを行い、また、学内で勧誘されたり、問題に巻き込まれたりしてしまった学生や家族の相談にも応じてきました。

　それに対して複数のカルト視される教団から、学部長や総長宛に弁護士名で複数回の抗議文書を受けています。信教の自由をわきまえない教員不適格者だというわけです。また、私の著作や論文に剽窃やねつ造があるとして第三者通報がなされたことも複数回あります。その都度、私は学内の調査委員会で調査され、資料や調査ノートを示し、議論の根拠を説明してきました。こうした団体からの対応に割く時間と労力は相当なものがあります。その他、ネット上やＳＮＳでの誹謗や中傷、書籍への低い評価など、私の信用性を毀損するような行為を受けています。私を直接知らない人は真に受ける人もいるでしょう。

こうした状況が研究者に降りかかるとしたら、誰があえて研究するでしょうか。若い研究者はつぶされます。中堅の研究者は時間を奪われます。学会や大学組織は中立的な立場に立たざるを得ないので、現役信者と離脱信者の認識と利害関係が真っ向から対立するようなカルト問題に関与することはできません。そのために、研究者は自己責任で立ち向かうしかないのです。この状況は、いまだ変わっていません。タブーが解けていないのです。

統一教会からの反論

二〇二三年に刊行した拙著『統一教会―性・カネ・恨から実像に迫る』（中公新書）に対して統一教会はA４で七八頁に及ぶ反論を教理研究院の名でホームページに公開しました。主な論点は次の通りです。

①私のマインドコントロール論や脱会カウンセリングへの評価が変わった。
②教祖の文鮮明氏は、血統転換（性行為）、霊感商法や正体を隠した勧誘、日本の植民地支配に対する恨みなどどこでも述べていない。
③研究のリソースが偏っていて、統一教会そのものを調査していない。
まず、①ですが、ウィキペディアを参照して私の人物像を探るわけです。しかし、この内容自

体が悪意のある他者によって作られたものであり、私が何度修正しても元に戻され、先に挙げた第三者通報の内容までそれらしく記載されたものです。マッチポンプです。この論点は、拙著『信仰か、マインド・コントロールか─カルト論の構図』（法藏館、二〇〇三年）で説明済みです。

教団は私の著作に「偏見に満ちた学者らしからぬ事実誤認や虚偽が数多く見受けられる」といい、具体的に②のように反論し、教典『統一原理』の理解も統一教会の正統な解釈とは異なるので不正確だというものです。

では、なぜ、教祖が命じていない、教典にも書かれていない、正体を隠した勧誘や霊感商法がなされ、日本だけ韓国にカネと人を一方的に供出しているのか。この理由を、教団は信者にも日本国民にもわかるように説明していません。私は信者たちがセミナーや勧誘・資金調達活動などの実践を通して内面化した信仰を「実践信仰」として抽出し、教祖や幹部の発言、教典や教団文書との関連から裏付けています。信じ込まされた通りにやった結果が、現在の問題を生み出しているのです。そのことは一〇〇名を超す現役と元信者の証言から明らかです。

教祖以下韓国人幹部に日本に対する恨みがないのであれば、なぜ、日本だけを収奪の対象にするのか理由がわかりません。恨みの言葉は清平修錬苑（HJ天宙天寶修錬苑：ソウル北東の京畿道にある旧統一教会の修練施設）で多くの元信者が主催者から聞き、所持した教本に記載され、日本の植民地支配に対する贖罪を求めているのです。

また、血統転換こそ統一教会の教説の核心であり、文鮮明がメシアであることの証明は、神の血統を持つ人物から接ぎ木されたことにあります。その接ぎ方は堕落の経路を逆にやるので、メシアが人間の女性、そこから人間の男性へと接がれ、これが信者同士の祝福において三日儀式の性行為にもつながっています。私は、文鮮明がメシアであることの証明と救済の論理構造を問題にしているのであって、教祖が性器や性的レトリックを説教にちりばめている箇所が多数あることや、非嫡出子が何人生まれたかといったことをあげつらって宗教人としての品格を問題にしているのではないのです。

教団からの反論に続いて、二世で東大の大学院生を自称する匿名の人物が、剽窃疑惑をネットで主張しています。私が書籍の中で、教祖の七男・文亨進氏による二〇一〇年と二〇一五年の説教を書籍では計三行抄訳引用しているのですが、典拠が示されていないのは剽窃だというのです。それを受けて、『拝啓岸田文雄首相　家庭連合に解散請求の要件なし』（光言社、二〇二三年）を執筆した中山達樹弁護士が、「櫻井義秀ヘボ教授に死刑判決が下りました～お前はもう死んでいる」とブログで書いています。印象的な文言としては、「トンデモ本を書く厚顔無恥で破廉恥な人間――こんな品性下劣な教授がいるのか――私の櫻井に対する軽蔑が払拭されることはない――櫻井が数多くの剽窃をしたことが、指摘されている――ついにヘボ教授に死刑判決が下ったか。さもありなん」というわけです。

求められる共生の作法と対話

仮に、統一教会に解散命令が下されたとしても、数万人の信者を擁する統一教会は、コングロマリット（世界平和統一家庭連合とその数十に及ぶ関連団体）から宗教法人をひとつ失うだけでそれなりに勢力は維持され、韓国本部の命令下で日本の信者たちは勧誘活動や資金調達活動を継続するでしょう。日本社会はこうした人たちと共存しなければなりません。

理解し合えないもの同士でも共生は可能です。どこで折り合いをつけるのか、冷静に探っていく必要があります。遺憾ながら、統一教会の皆さんには、「共生のための作法」を気にしてもらいたいと思っています。それなしに日本国民に理解され、受け入れられることはありません。

教団を批判する側も、単なるカルト視や政府に取り締りを求めるだけでなく、この教団の何が問題なのかを具体的に根拠を挙げて説明し、日本の宗教法人は宗教人として諫めるレベルに議論の質を上げていく必要があります。私はこうした宗教の理解や語り方を「宗教リテラシー」と考えており、これも拙著『明解　統一教会問題』（興山舎、二〇二四年）で解説しています。

互いに共生の作法を身につけていくことで、ようやく対話ができるでしょう。宗教的寛容や信教の自由は、こうした公共的な議論が可能となる社会でこそ、本物になるのではないでしょうか。

column　祈りと宗教の乖離

田中　優子

先日、母が老衰で亡くなりました。

私が在宅介護をしていましたが、認知症が進み、仕事で留守をした時に転んで骨折し、病院を経て施設に入ってから二年目でした。車椅子でしか移動できず、テレビに映る映像は窓の外の現実だと思うようになりました。本を読むことも文字を書くこともできません。「車を運転したい」「ピアノを弾いてみたい」と言っても、もはや実現できません。介護士さんたちは実に丁寧に身体介護をしてくださったのですが、私は母の心のありようが気になっていました。完璧な場所だけれど、自分の心と向き合う機会がない。つまり「祈り」がない、と思えたのです。

ある時、母は私に「運命というものはあるのかしら?」と問いました。

私は「定められた運命はないと思う。日々を大切に生きることが大事なのではないかしら」と答えると、納得したようでした。母のように特段宗教を持たない者にとって、宗教的な祈りの言葉は意味を持ちません。しかしそういう人でも、死へと向かっていく中でさまざまなことを考え、感じ取るはずなのですが、行動も思考もできなくなった時、私は母に何を与えられるのか――それをずっと考えていました。

わかってきたことがありました。記憶がほとんど無くなり意味ある会話ができなくなっているので、私は会うたびに「何も不安なことはないからね。全部引き受けているから大丈夫よ。安心してゆっくりしていてね」と繰り返しました。母はそのたびに「ありがとう」と言い、「またすぐに来るからね。必ず来るからね」と言うと、また「ありがとう」と言うのです。

私はこの、毎回行われるやりとりが「祈りの言葉なのだ」と気づきました。私は彼女の心の平安を祈り、彼女はそれに感謝をする。祈りは宗教教団の中にあるのではなく、日々の関わりの中にあるのです。祈りは、「何もできない」「どうにもならない」状況の中でこそ、生まれるのではないでしょうか。

合格祈願や病気平癒や商売繁盛等々、見返りを求める祈願は満ち満ちていますが、何かを得ようとする願望・欲望の中に祈りはないように思います。むしろ、人間の力ではどうしようもない状況の中でこそ、人は祈りながら無力や不可能を受け容れていくのではないでしょうか。

宗教は本来、それを気づかせてくれるはずのものなのですが、全く逆になっている気がします。宗教教団は、人に利益を期待させ、その期待に金を払わせ、その金を集めて世俗の権力を手に入れるためにある。そう思えてしまうのです。

日本の国家としての歴史をたどると、どの時点でも、宗教に繋がっています。

五〇〇年代に入ると仏典とともに漢字がもたらされ、その漢字によって国家制度や国史が書けるようになりました。五三八年には、百済から仏像、仏典、医学、暦学などが、学者とともに渡来します。僧侶はすなわち学者で、そのリテラシーによって国家の中枢に位置するようになります。

五九三年に推古天皇が即位すると、三宝（仏・法・僧）興隆の詔を発し、寺が次々と造られ、聖徳太子が「冠位十二階」と「十七条憲法」を制定。後には音読み、訓読み、平仮名、カタカナも発明されます。六六三年に白村江の戦いで壊滅的な敗北を喫すると、その後、徴兵管理のために全国的な戸籍を作り、常陸国から肥前国まで五〇〇を超える寺院が設立されました。こうして「倭」が「日本国」になっていったのです。

六八一年には天武天皇によって国史編纂の命が出され、七一〇年には平城京を構えます。仏教は「鎮護国家仏教」となり、七四一年から東大寺毘盧遮那仏建立が開始され、七五二年に完成。その後は、釈迦如来、普賢菩薩、文殊菩薩の釈迦三尊を置く、法華経を読む、七重の塔を建てるという全国一律の様式ができます。

中世の始まりの時も、源頼朝が中心になって大仏殿を再建し、大仏開眼供養を行います。やがて「禅の中世」が開幕し、鎌倉五山（建長寺・円覚寺・寿福寺・浄智寺・浄妙寺）や京都五山（南禅寺・天竜寺・建仁寺・東福寺・万福寺）の禅僧たちによる書籍五山版の刊行がなされると、外交文書の起草が五山僧の仕事になります。僧侶は国家官僚になったわけです。

江戸時代の制度的基礎を作ったのも五山僧でした。金地院崇伝は慣習に従って徳川幕府の外交文書を書いていましたが、諸寺院の取り締りに取り組み、さらに「武家諸法度」と「禁中並公家諸法度」を起草します。後水尾天皇は従来どおり、高徳の僧尼が朝廷から賜る紫衣《しえ》の勅許を与えました。しかしこれを法度違反として紫衣を剥奪し、抗議した僧侶を流罪としたのも、崇伝でした。これは紫衣事件として知られています。江戸幕府の法度が天皇の勅許より上であることを示した大きな事件でしたが、それを行ったのが将軍ではなく、僧侶であったことに、日本の政治体制の本質が見えます。

江戸幕府の基盤を作った僧としては、天台宗の天海もいました。天海の場合は、家康の「権現」化や日光東照宮や寛永寺の設立によって徳川家の権威を高め、支配の基盤を作りました。結果的に戦争のない二五〇年が実現できたわけですが、その背後には、カトリックを排除する体制を作り上げるための檀家制度の成立があったのです。近代にもそれが持ち越され、今度は盤石になった仏教を排除する廃仏毀釈が行われて神道と国家が結びつきました。そもそも仏教徒だった天皇による近代国家を作るために、なぜ神道が必要だったのか理解に苦しみますが、要は、国家が利用しやすい宗教と、国家を利用する宗教が結びつくのでしょう。

昭和の敗戦後、一九五四年には祖先崇拝とキリスト教が一体化した奇妙な宗教が生まれ、個人の宗教的情動や、希薄になっていく家族制度への願望、コミュニティを失った剥き出しの個人の抱える孤立と孤独を利用して集金するという事態になりました。現在は「世界平和統一家庭連合」

と名乗るこの宗教団体は、日本の植民地支配の後ろめたさを使いながら、反共産主義を掲げることで政治家たちの中に入り込み、自民党がこだわっている「家族主義」を中心にした政策を作って署名させる代わりに選挙運動を手伝う、という手法で政権中枢に近づいてゆきました。教団幹部は、その目的が「国家宗教になること」であったと述べています。

その教団の思想は、日本国憲法が掲げる「人権」や「個人」の対極にあるにもかかわらず、政治家たちは選挙に勝つために教団に取り込まれていきました。さらに日本には、政権与党に連なった仏教系の政党もあり、政治に大きな影響を与えている神道政治連盟もあります。仏教、神道、キリスト教、全て揃って国家の中心に位置を占めようとするのは、一体何故なのか——その理由は日本の歴史そのものにあるのかもしれません。

これらの宗教団体の関心は国家権力であって、それぞれの個人の「祈り」とは無縁です。私たちはもう宗教団体に心の拠り所を求めることはできなくなったのです。いや、求めた途端、高額な寄附を要求されるでしょう。

心の拠り所も信心の対象も要らないけれど、「何もできない」「どうにもならない」状況の中で、私はきっと祈るだろうと思います。その時どのような祈りの言葉が生まれるのか。それを示してくれる宗教がないのは、やはり寂しいことです。いや、そんなことを呟いたら、つけ入れられるかもしれません。危ない世の中になりました。

写真提供：ＮＨＫ

【「こころの時代」放送記録】　第Ⅱ章

シリーズ徹底討論　問われる宗教と〝カルト〟④⑤「『信教の自由』と法規制」（前）（後）

【放送】ＮＨＫ Ｅテレ2023年4月2日（日）5：00-6：00／4月8日（土）13：00-14：00
　　　ＮＨＫ Ｅテレ2023年4月9日（日）5：00-6：00／4月15日（土）13：00-14：00

【収録】2023年3月3日（金）　ＮＨＫスタジオ 113

【制作統括・チーフプロデューサー】鎌倉英也　川添哲也

【テクニカルディレクター】櫻木耕作　　【VE】石垣英祐

【撮影】桜井勝之　津田一樹　長谷川翔平　堀内 將　林あかね

【照明】今井秀道　有村紗世子　岩田研二　大平幸乃　　【映像技術】友清帆希

【音声】鈴木彰浩　山本 光　尾関輝彦　西岡拓真

【美術セットデザイン】室岡康弘　　【美術プロデューサー】唐木怜子

【美術進行】矢野馬雅子　　【大道具製作】仙波正日呂　　【装置進行】田中 亮

【道具操作】佐藤栄一　【電飾】山口健介　　【美粧】佐藤なおこ　長沼佐枝子

【制作デスク】平位 敦　　【フロアーディレクター】浅井靖子　吉岡礼美　石井茉実

【語り】髙橋美鈴　　【編集】田村 愛　　【音響効果】梅津祐那

【ディレクター】矢部裕一

【制作担当】ＮＨＫ第２制作センター（文化）「こころの時代」班

第Ⅲ章

「宗教リテラシー」を高めるために

島薗　進
井上まどか
小原克博
櫻井義秀
平藤喜久子
若松英輔

櫻井義秀（さくらい よしひで）
1961年山形県生まれ。宗教社会学者。北海道大学大学院文学研究院教授。日本宗教学会常務理事。「宗教と社会」学会常任委員。日本脱カルト協会顧問。専門は比較宗教社会学・東アジア宗教文化論・タイ地域研究・ウェルビーイング研究。『統一教会 日本宣教の戦略と韓日祝福』（共著2010）、『統一教会―性・カネ・恨から実像に迫る』（2023）、『信仰か、マインド・コントロールか―カルト論の構図』（2023）。『明解　統一教会問題』（2024）』など。

平藤喜久子（ひらふじ きくこ）
1972年山形県生まれ。宗教学者。神話学。國學院大學神道文化学部教授。日本文化研究所所長。学習院大学大学院人文科学研究科修了。博士（日本語日本文学）。神話の読まれ方、神の描かれ方などを地域や時代背景に注目して研究。『世界の神様解剖図鑑』（2020）、『神話でたどる日本の神々』（2021）、『神話の歩き方―古事記・日本書紀の物語を体感できる風景・神社案内』（2022）、『〈聖なるもの〉を撮る』（共編2023）など。

若松英輔（わかまつ えいすけ）
1968年新潟県生まれ。カトリック信徒。批評家。随筆家。「越知保夫とその時代 求道の文学」（2007・三田文学新人賞）、『イエス伝』（2015）、『叡知の詩学 小林秀雄と井筒俊彦』（2016・西脇順三郎学術賞）、詩集『見えない涙』（2017・詩歌文学館賞）、『小林秀雄 美しい花』（2017・角川財団学芸賞・蓮如賞）。『悲しみの秘義』（2019）、『藍色の福音』（2023）、『光であることば』（2023）など。

第III章◈討論参加者

島薗　進（しまぞの すすむ）
1948年東京都生まれ。宗教学者。東京大学名誉教授。上智大学大学院実践宗教学研究科研究科長・特任教授、同グリーフケア研究所所長、同モニュメンタニポニカ所長を経て、現大正大学地域構想研究所客員教授。『現代救済宗教論』（1992）、『スピリチュアリティの興隆 新霊性文化とその周辺』（2007）、『国家神道と日本人』（2010）、『現代宗教とスピリチュアリティ』（2012）、『新宗教を問う』（2020）、『戦後日本と国家神道』（2021）など。

井上まどか（いのうえ まどか）
1971年東京都生まれ。宗教学者。清泉女子大学文学部文化史学科准教授。博士（文学）。日本宗教学会理事、「宗教と社会」学会常任委員、専門宗教文化士。専門はロシア宗教史。『ロシア文化の方舟―ソ連崩壊から二〇年』（共編著 2011）、論考として「国家の世俗性のゆくえ―ロシアの宗教教育を事例として」（2020）「ロシアの愛国心教育と宗教文化教育― 2000年代前半の沿海地方における取り組みを中心に」（2024）、など。

小原克博（こはら かつひろ）
1965年大阪府生まれ。宗教学者。日本基督教団牧師。同志社大学学長。神学部教授。良心学研究センター長。同志社大学大学院神学研究科博士課程修了（1996）。博士（神学）。専門はキリスト教思想、宗教倫理学、一神教研究。『宗教のポリティクス―日本社会と一神教世界の邂逅』（2010）、『ビジネス教養として知っておきたい 世界を読み解く「宗教」入門』（2018）、『一神教とは何か―キリスト教、ユダヤ教、イスラームを知るために』（2018）など。

「宗教リテラシー」とは何か

島薗　宗教とカルトについての問題で、今まで五回にわたって話し合いを重ねてきました。今日は、「宗教リテラシーをどう高めていくのか」という論題です。

そもそも、どうして統一教会という団体に人々が素直に入ってしまったのか、ちょっとわからないと思われる方も多いと思いますし、もし、宗教について基本的な何かが理解できていれば、あのようにはならなかったんじゃないかというふうに思われる方もいるでしょう。そもそも、「宗教リテラシー」とは何かという疑問をお持ちの方もいると思います。

宗教がどのようなものかということについての理解は、どう養ってゆけるのか。宗教を学んでいく場を、我々はどのように培ってゆけるだろうか。

これらの問題について、今回は櫻井さんに進行していただきながら、話し合ってゆきたいと思います。よろしくお願いいたします。

櫻井　北海道大学の櫻井でございます。私は比較宗教社会学を専門にしておりますが、そこで感じることとは、宗教について「知っている」ということと、「わかる」ということには、やはり差異があるのではないかということです。

宗教についてのいろんな知識、本を読み知っていること、教説を知ること、教団組織のことを解説書で「知る」ということと、その教えについてそれを評価する自分の感覚というところで「わかる」ということには差異があるのではないのかと思います。それを、リテラシーというかたちで表現できないだろうかということを考えております。

平藤　私の専門は神話研究であり神話学なので、現代を生きていく上での「宗教リテラシー」というと少し問題がずれるというふうに感じられるかもしれません。ですが、やはり古代のことを知るということは現代を知る上で非常に重要だと思っています。

また、大学では神話だけではなく世界の宗教について教える機会もありますので、その経験から自分が難しさを感じていること、古いことから新しいことを見ていく中で考えていることなどを、皆さんとお話できればと思います。

若松　今日、私が皆さんとお話してみたいと思っているのは、櫻井さんからもお話がありましたけれども、「知る」と「わかる」、そしてやはり「信じる」という問題です。

「信じる」という問題は、宗教を考える上ではどうしても見過ごすことはできないし、このことを曖昧にすることもできないと思います。

そこに、リテラシーというものがどのくらい食い込めるのか、「信じる」ということがどれだけ言語としての言葉と関係があるのか、またそれはどれくらい捉えきれないのか、というようなことも、皆さんとぜひ言葉を交わすことができればと思います。

小原　私は、キリスト教神学を中心とする宗教研究をしております。

私は大学で新入生向けにキリスト教や宗教一般の講義をすることもあるのですが、普通に高校まで育ってきた若者というのは、多かれ少なかれ、宗教に対する偏見を持っていると感じます。ですから、今日問われている「宗教リテラシー」のひとつの目的は、積もり積もったさまざまな誤解や偏見をとにかく無くしてゆくための最初の一歩ではないかなと思うんですね。

ただ、それで終わるわけではなくて、今、問題になっていますように、宗教というのは、長い間続いてきた伝統宗教もあれば、人に危害を加えかねない非常に危ない宗教もあるということを知ってゆく必要があると思うんです。

私は、宗教を知るということは、最後には「人間を知る」ということにつながっていくと思っています。

人間の中には、可能性とか光の部分もあれば、おぞましいぐらいの闇の部分もあり、そこにもやっぱり向き合う必要がある。そういう意味でも、やっぱり信仰の力とリテラシー、この両方を今日は考えてゆくことができればと思っています。

井上　私は、ロシアの宗教史や政治と宗教の関係を専門としております。

日本におられる外国の方というのは、「在留外国人」という表現をしますけれども、二〇二二年六月の時点で過去最多の二九六万人になっています。今日《こんにち》の日本社会では、多文化共生が求められているわけですが、異なる文化を本当の意味において知る、というのはどういうことなのかということを考えています。

その過程において、見たり、聞いたり、匂いを嗅いだり、そういう極めて身体的な部分で、あらぬ偏見が生まれないようにするためにはどうしたらよいのかという問題を考えています。

問われる宗教教育の現場

櫻井　では最初に、「宗教リテラシーは何か」ということを考える際に、抽象的な議論から入るのではなくてですね、宗教教育、宗教を教えるという実際の現場において、どのような問題があるのか、また、どのような工夫がなされているのか、そこから話を展開してゆきたいと思います。まずは、大学という現場で宗教教育を実践されている平藤さんにお話を伺いたいと思います。

平藤　私は神話学が専門です。神話というと遠い古代の物語、神々の話ですから、現代社会を生きる上で求められる「宗教リテラシー」という話とはあまり関係がないように思われるかもしれませんが、学生は神話をきっかけに宗教に関心を持つということも多いんです。

どうして神話がきっかけになるかと言いますと、ゲームやアニメを見ていたりするんですね。今、ポップカルチャーの世界をのぞいてみますと、本当にいろんな神話だとか宗教の神々で溢れ返っていると言ってもいいような状況です。中には、世界の神々と恋愛をする恋愛シミュレーションゲームなどもあって結構な人気です。そういう発想や想像力には驚かされるとともに、面白いものを単に消費するということだけではなく、その背景には宗教文化があって、それを信仰する人たちがいるということ。そういうことを伝えてゆくことが、私が神話を教えてゆく中で意識している「宗教リテラシー」なのではないかと思っています。

学生たちに知っていただきたいのは、宗教の向こう側に、その信仰を持っている人々がいる、暮らしている人々がいるということを、リアリティを持って感じてほしい、知ってほしいということなんですね。

例えば、ゲームに神々を登場させ、神様に服を着せる。どんな服を着せるのか。中にはとても露出の多い、過度な露出の女神が出てくるものもあったりします。では、それを信仰している人がいた場合、それについてどう感じるだろうかとか、神様の背景、宗教の背景にいる人間というものを、どのようにしたら感じてもらえるだろうかということを、日々考えて試行錯誤を繰り返しています。

「宗教リテラシー」というのは知識で終わるのではなく、その向こうにいる人とどんな人間関係を築いていくのか、そういう人間関係のあり方と申しますか、人づき合いの中に、宗教についての知識を入れ込んでいく。そのようなことができる教育はどのようにしたら良いのか考えているところですので、皆さんのお知恵をお借りできればと思っています。

櫻井　宗教に関わるトリビアルな知識が問題ではなく、ある種の文化的な背景、宗教的な背景を持った他者、自分の周りの人をどこまで理解しようとするか、そういう思考性が非常に大事ではないだろうか、というご指摘だと思います。

　これは、カルト問題の理解にも似ているところがあって、そこに入った人たちを、単に被害者だとか、あるいはマインド・コントロールされた他者として見るのではなくてですね、その人がそうならざるを得なかったさまざまな家族や文化的な背景を含めて理解してゆくということがないと、結局、「カルトにご注意」だけのリテラシーでは、被害も食い止められないのではないかと思います。

若松　「宗教リテラシーとは何か」という問題を考えてゆくときに、言葉の上で注意しておきたいのは、「宗教リテラシー」と「宗教学リテラシー」を区別しておかないといけないということです。

　宗教学が宗教の本質にどのくらい迫れるか。それは、大きな問題を孕んでいると思います。

　私は数年前まで大学におりましたが、大学にいて、とにかく窮屈だと思ったのは、三つの問題が語りづらいということでした。

　ひとつは「聖なるもの」、もうひとつは「祈りと沈黙」ですね。そして最後に、「魂」です。

この三つのことを語ろうとすると、ものすごく息苦しい思いをしなくてはならなかった。「それらを語るな」というような圧力がどこかにあるように感じたわけです。少なくとも、私がいたところにはそういう雰囲気がありました。学生たちもそれは敏感に感じていると思うのです。

しかし、宗教とは何かということを考えていくときに、「聖なるもの」が何であるかわからなければ、話は始まらない。そして、心の奥にある「魂」とは何かも重要な問いです。人間は心の奥に何かを秘めている。そこを尊ぶということが、やはり、「宗教リテラシー」ということになってくるのではないでしょうか。

ハンナ・アーレントという哲学者が興味深いことを言っていて、「好奇心というのはとても注意深くあらねばならない。何故なら、それは愛と真理と関係がないからだ」と。好奇心が走り始めてしまうと、人はそれを興味の対象として見てしまう。宗教というのは、そういうふうに見てしまうと大変危ないものです。平藤さんのご指摘もそういうことだと思うのです。人生をかけて

ハンナ・アーレント：ドイツ出身のユダヤ人政治哲学者・思想家。一九〇六年生。ナチスの台頭により、一九三三年、パリに亡命し、ユダヤ人救出活動に従事した後、一九四一年、アメリカに亡命。コロンビア大学などで教鞭をとる。『全体主義の起原』（一九五一）、『人間の条件』（一九五八）、『暗い時代の人々』（一九六八）などの著作を通じて、全体主義の研究を行った。一九七五年没。

誰かが探求しているものを、私たちはどう見つめていくべきなのか。そのリテラシーというものを考えることができればと、平藤さんのお話をお伺いしていて思いました。

小原　今、若松さんが言われたことを少し引き継がせていただきたいと思います。

私も自分の日常の関心や葛藤の中にあるのは、宗教を客観的に教えるという自分の責任で、これは実は「宗教学リテラシー」に近いと思うんですよね。しかし、同時に信仰者として自分が大切にしている世界を伝えたいという思いもあり、その両方がせめぎ合って、教室の中で何をどの程度話せるのかをいつも考えるんです。もちろん自分の内面とか信仰の部分を完全に蓋をして、それは外に出さないということもできるんですけれども、でもやっぱり大切なものは少しでも伝えたいと思いますよね。その葛藤は大事にしたいと思っています。

「宗教リテラシー」についての問題提起を平藤さんからいただきましたが、それは主に大学でのお話でした。ただ、「宗教リテラシー」というものを「宗教に関する基本的な知識」として広く理解するならば、「宗教リテラシー」が生成される場というのは、当然のことながら大学だけではないと思うんですよね。大学がそのひとつであることは間違いないですが、しかし伝統的に考えれば、それを生み出す場というのは、家庭であり、地域コミュニティ、あるいは宗教共同体であったわけです。しかし世俗化していると言われる今、かつては社会に生まれ育つだけで自然と身に付いてきたものが、現代社会では自然には身に付かなくなっていると思います。日本に生まれたからといって、日本の伝統宗教とか神道に由来するような神々にまつわる神話を自然に身に付けることもできません。ですから、やはり意識的に学ばないといけないですし、その必要性を強く感じます。

櫻井　福沢諭吉に『福翁百話』という著作がありまして、その中に、「コモンセンス（常識）で世の中を渡ってゆけば憂いはない」というようなことが書かれています。ですから、特に信仰を持っていなくても、日常生活を彩るさまざまな宗教文化、宗教との付き合いの中にですね、こういったコモンセンス的な感覚を持って生活を実践していくということがあれば、カルト問題についての対応を含め、ずいぶんと力強い支えになるのかなと思います。「いや、それだけじゃ足りないよ」と言われるかもしれませんけれども、「宗教リテラシー」にはそういうベーシックな部分もあるのではないかと思いました。

井上　私が勤務している大学はカトリック系ですが、近くに日本イスラーム文化交流会館があり、日本人のムスリムの方もムスリマの方もおられまして、「どうぞ私たちのところに是非いらしてください」とおっしゃってくださいます。そうしてサークルのレベルでも交流させていただいていますし、授業でもたびたび訪問させていただいています。

日本イスラーム文化交流会館に伺うと、食の規範に関しても、信者さんがどのように向き合っているのかがわかります。例えば、単に豚肉のタブーというだけではなくて、豚肉を知らずに食べてしまったときにどのように対処するのかということについても信者さんによって違うということ、つまり、人々の規範への向き合い方、受け止め方が違うということを学生が学びますね。

やはり、そういう交流できる場所であったり、市民の方がボランティアで行っている活動の中にもっと入って行くべきだと思います。何より宗教学研究者自体がもっと入って行くべきではないかと思います。

櫻井　宗教に関するリテラシー、あるいは現代におけるスピリチュアリティに対するリテラシーはいろいろあると思いますが、その点について、島薗さんは、定義と言いますか、内容の把握の仕方について、どのようにお考えでしょうか。

島薗　例えば、幼稚園ですね。日本には宗教系の幼稚園が多いです。

私も実は、キリスト教の幼稚園で育ちまして、そこでお祈りの姿勢を習いました。仏教のお寺が営む幼稚園も多く、そこに行けば手を合わせることを教えてくれます。そのような感覚は、多くの日本の市民もお持ちだと思います。

ある時期、例えば中学校あたりで「給食のときに手を合わせるのは信教の自由に反するからやめましょう」というふうになったというようなことがあるんですが、学校生活の中には、ある種の「宗教リテラシー」における「経験する」「感ずる」というレベルで習得する、あるいは批判的に考える、そういう要素があると思います。

それから、同じクラスにはさまざまな人たちがいますから、そういう人たちと付き合う、異質な人たちが共存しているという感覚について学ぶ、感ずるレベルでの「宗教リテラシー」は、自分自身を振り返り、自己と他者の違いについて顧みる契機になり得る。

それぞれの出会いの中で、どのように「わかる」ということがあるのか、そういうことも問うていかなければならないことではないかと思います。

ロシアでは宗教をどう教えているのか

櫻井　日本の場合、「宗教リテラシー」を学校教育の中に持ち込むということがなかなか難しいということがありますので、しつけというようなかたちで家庭であるとか、初等教育レベル、あるいは現在であれば、大学における「宗教リテラシー教育」というかたちで議論せざるを得ないんですけれども、海外に目を向けますと、もう少し積極的に宗教の教育を行うような国もあるわけですよね。そういう事例からこの問題を相対化したいと思いますけれども、まずは、ロシアの宗教について研究されている井上さんにお話いただければと思います。

井上　私からは、ロシアの公教育における宗教教育の取り組みという側面からお話できればと思います。それは、このロシアの事例が国公立の学校における宗教教育の理想的な取り組み方だというのではなく、翻って日本の状況を反省的に捉えることができるのではないかということです。

　というのも、ロシアと日本というのは「後発の近代国家」という意味で、かなり似たような発展をしてきたからです。西ヨーロッパを模範としつつ、独自の道を見出すというような歩みです。

ロシアは日本と同じで「政教分離」を原則としているので、公教育で宗教教育を実施するという点については賛否両論があったのですけれども、二〇一二年に「宗教文化と世俗倫理」という科目が導入されました。これは、小学校四・五年生の選択必修科目でして、六つのコースからひとつ選ぶことになっています。

まずこちらにあるのが「正教文化」の検定教科書です。正教はロシアのマジョリティのキリスト教ということになります。

続いて、ロシアでは正教に次いで宗教人口の多い「イスラム文化」。その他の伝統宗教として教科書になっている「仏教文化」と「ユダヤ文化」。そして、五つ目が「世界宗教文化」という教科書です。これを見ますと、たとえば建築分野で宗教建築の事例などが出ています。

最後が「世俗倫理」という教科書ですね。この六つのうちからひとつ選んで学びます。

ロシアの場合、統治の面で、多民族国家であるということと、ロシア正教会が大きな担い手になっているロシア・ナショナリズムと、この双方のバランスを取らなければならない——そのような必要性から生まれてきた宗教教育システムで、目的としては異なる世界観の間の対話を促進しようというものなんです。

【ロシアの小学四・五年生が学ぶ選択必修科目「宗教文化と世俗倫理」の六つの教科書】

正教文化

ユダヤ文化

イスラム文化

世界宗教文化

仏教文化

世俗倫理

櫻井　井上さんに二つ質問させていただきたいのですが、かつては、ロシアはソビエト連邦という社会主義国家であって、無神論を説いてきたわけですけれども、この無神論についての扱いは今も世俗的な宗教教育の中に入っているのでしょうか。

さらに、もうひとつはロシア正教についてですが、これは国家をいろんな意味で正当化しているように見えてしまうわけです。宗教教育の場においては、ロシア正教に対する特権的な扱いはないのでしょうか。

井上　まず、無神論が現在のロシアの宗教教育の中に入っているかどうかという点についてですが、「ほぼ入っていない」と言ってよいと思います。

ソ連時代、とりわけ一九二〇年代には反宗教キャンペーンが大々的に行われますが、三〇年代後半には無神論教育が功を奏していないことが露呈してしまいます。その代わりといえるかどうか、共産党がティーン・エイジャーの生徒たちに教えようとしていたのは「労働倫理」なんです。勤勉であることとか誠実であること。それをまとめると「労働倫理」。その点については、現在の宗教文化教育において、ソ連時代ほどには強調されていないと思われます。

もうひとつは、ソビエト連邦崩壊とともにロシア・アイデンティティをどこに求めたらよいのか、という問題が起きてきたことです。これが二つ目のご質問と関わってくると思いますが、実は、二〇一二年に検定教科書を用いた宗教教育がこのような六つのコースになる前に、やはりロシア正教会が先鞭をつけて教育委員会と連携していたりしたのです。さらに言えば、国防分野で連携していて、ロシア正教会が軍事アカデミーにおいて愛国心を教える、兵士の士気を高める、そういうようなロシア正教会の動きがありました。

それに対して、イスラムの人たちが「それは不公平だ」と。また、ロシア正教会以外のキリスト教宗派の人も「なぜそんなにロシア正教会は特権的なんだ」という抗議をしました。そのような経緯の中でバランスを取って生まれたのが、現在のロシアの公教育における宗教教育のかたちなんです。

小原　やはり大事だと思ったのは、ロシアは法制度上で「政教分離」を謳っていても、実質的にはナショナリズムの担い手としての正教会があるということ。この両面を見ることですね。

例えば他にも、インドが同じく「政教分離」をとって、すべての宗教に対して政府は中立であるということが謳われているのですが、実質的にはヒンドゥー・ナショナリズムが非常に強くて、イスラム教徒とかクリスチャンとの軋轢が絶えないんですよね。なので、法制度上のことと実質との両方を見る必要があると思います。

この問題は、日本にも関係しています。

憲法二十条は、国が宗教教育を行うことを禁止しています。これは、法制度上の問題ですよね。では、我々はもう「宗教リテラシー」についてはお手上げなのだろうか。おそらくそうではないと思うんです。憲法二十条の枠を守りながら、実質的な「宗教リテラシー」のようなものを、定められた範囲の中でどのように実現できるのかということについては考える余地があると思います。そのために、さまざまな国の事例をヒントにできると思うんです。

憲法二十条：「信教の自由」と「政教分離」を規定した日本国憲法第二十条。「信教の自由は、何人に対してもこれを保障する。いかなる宗教団体も、国から特権を受け、又は政治上の権力を行使してはならない。②何人も、宗教上の行為、祝典、儀式又は行事に参加することを強制されない。③国及びその機関は、宗教教育その他いかなる宗教的活動もしてはならない。」

欧米諸国の宗教教育事情

島薗　ドイツ、イタリアあたりは「宗派教育」と言っていいですね。学校で聖書を教えたり、キリスト教について学べる。今ではイスラム教も選べますけれども。それらの国では、キリスト教ですと、プロテスタント、またはカトリックを選ぶんでしょうか。

小原　はい、そうです。

島薗　さらに、どの宗教もとらない人には世俗的な「倫理」を教える。ひとつを学ぶだけでは狭いのではないかという考え方もあるけれども、そのことによって、あるものを深く捉えることができる。要は、深みが得られて抵抗力ができる。宗教というものを深く考える。ひとつについてしっかり考える。そういう基盤ができる面があると思います。

フランスは、あまり宗教について学校では教えないですね。「家に帰ってからそれぞれやりなさい」みたいなかたち。

オランダ、イギリス、アメリカなどの国は、宗教的マイノリティが近代国家形成に重要な役割を果たした国ですし、移民も多い。そのような国では、多文化教育とつながるような宗教教育が行われていますね。

イギリスは、私が教えていただいた感じでは、日常の生活の中で感じたり、経験したりする中での生活に根付いた宗教を理解する、しかもそれを早い段階から始める、そういう意味で「他者理解」に力点があります。

小原　島薗さんが触れられたドイツにおいては、憲法にあたる基本法において、国家が宗教教育を行わなければならないと定められています。それと同時に、その教育は宗教団体の教義に従ってくださいとされているので、これはもう、ずばり「宗派教育」なんです。ですから、カトリック教会、プロテスタント教会のオフィシャルな団体との協力関係のもとで教科書が作られたり、先生が派遣されたりして宗教の教育が行われています。

ただ、ドイツも他のヨーロッパ諸国と同じく、大きな時代の波を受けています。

ひとつは「世俗化」です。もうひとつは「宗教の多元化」です。世俗化の中で、「私はプロテスタントでもカトリックでもない」という人がとれる代替の授業として「倫理」が置かれました。

それから、一九六〇年代以降の移民政策も大きく影響しています。移民がたくさん増えてくる中で、特にトルコからの移民が多数になりましたので、ムスリムの比率が非常に高くなりました。ですから、その子どもたちの教育というのは、もうすでに六〇年代七〇年代から始まっているわけです。

私は、プロテスタントの宗教教科書を持っていまして読んでいるんですけれども、そこでおもしろいのは、対話型になっているということです。「イスラムとは、こういうことを禁忌としているこんな宗教ですよ」みたいな書き方ではありません。

そうではなくて、ムスリムの子どもさん、Aさん、Bさん、Cさんとか、登場人物として具体的な名前が出てきて、みんなが同じムスリムと言えないぐらいそれぞれ出自も違えば背景も違う。家庭環境も違う。「一言でムスリムと言うことはできないのですよ」ということを教えているんです。あるいは、「このような宗教上の問題が起こったときに、あなたはどういうふうに相談に乗りますか」みたいなかたちで問いかける。単に知識を注入するのではなく、対話をしながら問題を考えてゆく。

きわめてドイツ的だと思いますが、そのような中で、ドイツでは日本の小学校にあたるものが六歳から四年間あるんですけれども、そうした学齢の低い段階から、こういう対話型の宗教教育をしています。

櫻井　やはり、その対話のベースをどう作っていくのかという点は非常に大事ですよね。そうしないと、それぞれの宗教の再生産になるだけであって、他者理解になかなかつながってゆかないということがあると思います。この点について、若松さんはいかがでしょうか。

「わからない」ことを尊重する

若松　そうですね。「宗教リテラシー」において、私たちは、「わかったことを尊重する」ということは二番目にするべきことだと思うんです。最も重要で一番目にすべきことは、「わからないことを尊重する」ということです。やはり、「わからないことを尊重する」ということに重きを置かないと一歩も前に行けないような気がするんです。「わからなければ尊重しなくていい」というようなことになれば、宗教はすべて「わかる」ものであるということになる。

もっと言いますと、「宗教リテラシー」の根本には、「私たちはもしかしたらわかり得ないものかもしれない」ということを、やはりどこかに置いておきたいと思うのです。わからなかったとしても、いやむしろ、わからないからこそ重んじてゆくという態度が不可欠なのではないかと思います。

さきほどロシアの教科書について、井上さんから聖堂のイラストが掲載されている部分をご紹介いただきましたが、あのとき、ロダンの言葉を想起しました。彫刻家のロダンが聖堂について印象深いことを言っていて、「聖堂に入るとひどく感動した。それは人間の魂に入っていくかのようだった」と。それを読んで、なるほどと思いました。「ああ、こういうことがやっぱり経験なんだな」と。そのようなことは文字を通じてだけではなかなか教えられないですよね。それは教室では教えられない。ですから、宗教の現場に足を運んで、経験して、あるいは「わからなさ」を経験する中で、大事なものを見つけてゆくということが重要ではないでしょうか。

どうしても私たちは学ぶときに、「成果」ということ、「わかる」ということに価値を置きがちなんですが、「宗教リテラシー」を考える上では、「わからない」ということをこそ重んじたい。そのことを分かち合いたい。どういうことがわからないのか、でもなぜこのわからないことが重んじられるべきなのかということを考え、深めたいと思うのです。

ロダンの言葉：オーギュスト・ロダン（一八四〇—一九一七）。「近代彫刻の父」と呼ばれ、一九世紀を代表するフランスの彫刻家。「地獄の門」「カレーの市民」「考える人」などで知られる。高村光太郎訳『續ロダンの言葉』の中に、次のような文章がある。「此の古い寺院の中へはいるのは、自分の魂の中へはいるようだ。最も自分らしい自分の空想が戸を押すと立って私の方へやって来る。」

櫻井　わからないことに対して、さらにわかるために努力するということはもちろん必要なんですけども、なぜわからないのか、わかり合えないのかっていうところで踏みとどまり、それに耐えてゆくということは、私もとても重要だと思います。

人間はいろんな意味で有限性を持っていますので、すべてがわかるということはないし、すべての問題が解決できるわけでもない。それに耐える力と言いますか、この点と宗教というのは関わっているようにも思います。平藤さんはいかがでしょうか。

平藤　以前、ハーバード大学にお邪魔したときに自然史博物館を見学したのですが、自然史博物館の進化についてのコーナーの入口のところに、「進化論」と「天地創造説」と「ＩＤ（Intelligent Design）論」が掲げられていました。「ＩＤ論」とは、「知性ある何か」によって生命や宇宙の精妙なシステムが設計され、世界が創られたという考え方です。こうしたいわば科学的とはいえない考え方についての博物館としての声明がすごく大きく看板になっていまして、これには大変驚いたんです。世界でも有数の科学者を輩出しているようなトップクラスの研究教育機関であるハーバード大学の自然史博物館で、なぜ「進化論」について語るときに、このようなことを言わなければいけないんだろうかと疑問を感じ、とても不思議に思いました。というのは、私にとって神話を勉強していく中で、聖書の「創世記」というのは、ひとつの神話のあり方として教えたりもしていますから。
そこで、その神話が神話ではなく、「進化論」と並ぶものとして教えられているのだろうかと思って世論調査を調べてみたんです。すると大体、三割以上の人は「進化論」は信じないという結果が出ていました。ある世論調査によれば、「毎週、教会に行く」という集団ですと、六五パーセントの人が進化論を信じないという結果が出ています。

進化論：ラマルク、ダーウィンなどによって唱えられた生物の進化についての考察。生物は地球上に最初に出現した原始生命体から次第に環境などに適応することによって進化してきたという学説。創造主が生物を生み出したとする考え方と対立し、ダーウィンの進化論は、ダーウィンを猿に見立てた似顔絵を描かれるなど嘲笑、批判の対象ともなった。

天地創造説：旧約聖書「創世記」第一章に記された、神が万物を創り出したとする記述に基づく。最初、天地は混沌としていたが秩序が与えられ、一日目に光と闇が、二日目に水と空が、三日目に地上が水と陸地とに分けられ、四日目に天に太陽と月や星、五日目に水と地上に魚や鳥、そして六日目に獣と人間が創造されたとする。

ＩＤ（Intelligent Design）論：この宇宙や生命は、あまりにも精巧で緻密であるため、人智が及ぶような自然的な要因ででき上がったとは考えにくく、「知性ある何か（Intelligent）」によってデザイン・設計（Design）されたと主張する理論。無神論の立場をとる科学者であっても、宗教とは無関係で科学的な根拠に基づく主張だとする者もいる。ジョージ・ブッシュ元アメリカ大統領は、学校の理科の時間には、進化論だけではなく、ＩＤ論も教えるべきだと発言している。

アメリカを身近に感じる人も多いと思うんですけれども、でも、実は私たちが知っているアメリカ人って、本当はどういう世界観を持っているのだろうというようなことを感じました。そのような経験を通して、私は本当は何も知らないのかもしれない、アメリカ人についても、アメリカという国についても実は知らなかったのかもしれない、と強く思いました。

そのように、宗教を教えるということを超えたところに、宗教的な価値観というものがすごく深く関わっていて、でも実はそのことについて、あまり私たちは意識していなかったのだなということを、反省を込めて考えたことがありました。

日本における「宗教リテラシー」の歴史

櫻井　世界観とか歴史観と宗教文化というものは非常に関わっているのだということ。ある種、そのことがらに対する認識や世界理解も宗教観と重なり合っているというご指摘ですね。

それでは、日本における「宗教リテラシー」はどうあるべきなのか。それをさまざまなレベルの教育で、どのように展開し、培っていくことができるのかという問題に進んでいきたいと思います。まずは、島薗さんの考えをお聞かせください。

島薗　幼稚園の頃から宗教に関する教育、リテラシーにあたるものは、ある意味では養われてきた面があるという話を先ほどしましたが、日本人が無宗教だということには、かなりの割合の人が同意します。では、無宗教ということの中に何があるのか。ここが、やはり重要ではないかと思います。

今、多くの学校では、「道徳」という科目が教えられていますが、それはなぜだろうか。これはですね、やはり大日本帝国時代に「修身」という科目を持っていた、その残滓が現代に至るまで引き継がれたという経緯があると思います。

明治維新のときは、どのようにその部分にあたる教育をするか非常に迷ったんですね。というのは、教育というのは、そういう精神文化的な要素がなくてはならない。これは儒学もそう。寺子屋でもそうです。それが近代以前の前提です。

近代になって、それにあたる部分はどうするんだということが問われるわけですよね。

近代日本の方針が決まったのは、大日本帝国憲法ができるのとほとんど同時ですが、そこで迷った末に、「教育勅語」というものができました。これこそ、教育の根本だというわけです。これが、

修身：第二次世界大戦以前の大日本帝国の学校で教えられた国民道徳の実践と徳性の涵養を目的とした科目。「修身」とは、儒教の教典『大学』の「修身斉家治国平天下」（自らの行いを正しくし、家庭をととのえ、国家を治め、天下を平らかにする）に由来し、自分の行いを正しく身を修めること。小学校教科の筆頭におかれ、一八九〇年の教育勅語発布以後は、様々な学校の国民教育の根底として極めて重視された。忠君愛国の国家主義教育の根源となり、第二次世界大戦に敗戦した一九四五年、ＧＨＱ（連合国軍最高司令官総司令部）の指令によって廃止された。

教育勅語：一八九〇年に発布された国民教育の基本方針を示した明治天皇の言葉。これによって、修身がより具体化され、以後の修身教科書は教育勅語に則って厳密に編集されてゆく。内容は、「尊王愛国ノ志気」を養うなど国民として遵守すべき道徳規範であり、教育勅語に示された徳目を繰り返し暗唱する徳目主義が重視された。

一九四五年の敗戦まで、日本の教育における精神文化の柱になっていたのですね。これが、私の父母の年代、つまり大日本帝国だった時代に教育を受けた人の中には、深く深く体に染み込んでいたものだと思います。私の母はカトリックの学校で教育を受けましたが、もちろん「教育勅語」は暗唱できたし、天皇の名前もすべて言えました。

日本人は無宗教というけれども、私の母の世代は――母は一九二三年生まれですが――大変深く、頭を垂れる機会が多かったですね。たとえば、戦争には絶対に負けないと信じていた。母が敬愛する兄、つまり私の伯父が戦死したというようなこともあったのですが、そういうことの中には信仰心があるんですね。日本の国に対する深い愛情というものもありました。そのようなことを我々はどう理解したのか、戦後それがどうなったのかということが問題です。

日本人としての宗教に対する姿勢を振り返ることと、諸外国の人たちや特定の宗教を深く持っている人たちの信仰を理解することが、表裏一体である必要があるのではないかと思います。自己理解を深めることが他者理解に通じる。他者理解を深めることが自己理解に通じる。それがベースになってこそ教育が充実していくと考えるべきではないかと思っています。

櫻井　「教育勅語」というものは、人をどのように位置づけるか、近代国民国家の中で個人をどのように位置づけてゆくのかという面で、非常に世俗化された宗教のようにも感じるわけですよね。こういったものが「道徳」に転換していくとしたら、どのように転換すべきだとお考えになっていますか。

島薗　「教育勅語」の「勅」がキーワードだと思います。「勅」というのは、「天壌無窮の神勅」のように「神勅」という言葉もあり、神的存在の意志表示であり、「勅」を下すのは天皇です。天皇が神聖な存在だったわけですね。無条件に従うべき何か、ということです。その意味では「教育勅語」を世俗的と理解するのはどうかな、とも思います。

目に見えない尊い存在という感覚がかなり強くあった。ですから、アジア・太平洋戦争に敗戦した後、国家神道を解体してゆくときに、当時の文部大臣は、主にキリスト教徒の方たちだったんですけれども、「教育勅語」を無くしたら日本人の精神基盤が失われてしまうではないかというとで非常に抵抗したんですね。それが現在も残っています。

天壌無窮の神勅：「日本書紀」に記された天孫降臨の際の天照大神の言葉。天照大神の子孫が君主として日本を治めることは神の意志によるとされ、第二次世界大戦以前においては、天皇が日本の国体であることの法的、歴史的、宗教的な根拠とされ、天皇の地位を神授不動のものとする思想的基盤となった。「教育勅語」には「一旦緩急アレハ義勇公ニ奉シ以テ天壌無窮ノ皇運ヲ扶翼スヘシ」（戦争や内乱などが起これば、自ら進んで公のために力を尽くし、永遠に続く天皇家をお守りせよ）という一節もある。

「教育勅語」というのは、つまり、「神聖な天皇」という「宗派教育」ですね。これが非常に強くナショナリズムと結びついたので、最終的に日本という国の道を誤らせることにつながったという認識が、現代の日本国憲法の第二十条につながっていると思います。そのことを踏まえた上で、どのようにこの精神文化について考えていくか、これは日本の教育全体につながる問題だと思います。

平藤　今、島薗さんのお話をお聞きしながらいろんなことを考えさせられまして、思いつくままに少しお話させていただければと思います。

私は、日本の神話を学んで専門にしていて、日本の神がどのように扱われてきたのかというようなことを調べているのですが、まさに、アジア・太平洋戦争の戦前戦中と戦後においては性格を異にします。

戦前はやっぱり神話は「歴史」だったわけですね。天皇の話は、さかのぼっていくと神々の話になっていく。神武天皇から人間なのかというとそうではなくて、その父親はどうなのか、どういう存在なのかと、さかのぼってゆく。やはり神話には「歴史」の連続性がありましたから、敗戦後、教科書などを作るにあたってまず意識されたのは、神話と「歴史」を分けるということだったわけです。今までは混同していたけれども、それをはっきり分けますということをして、それで戦後の歴史教育というのが始まった。まさに宗教的な部分と「歴史」というものが切り離されたというふうに理解しています。

そういうことを調べていく中で思いますのは、そうした経緯とか、日本人が日本人の神とどう付き合ってきたのかという歴史について、私たちはほとんど知らないということなんです。

それが私にとってはとても大事なことではないかと思っていまして、今の日本人が無宗教であるという言説がどうして生まれてくるのか考えたときに、日本人は神とどうつき合ってきたのか、神社とどうつき合ってきたのかということを全く知らない方が多いのではないかと。ですから、日本人は無宗教であるという言説が再生産されてゆくのではないかと感じています。

小原　「宗教リテラシー」を広く理解すると、それぞれ時代の影響を強く受けているということですね。

島薗さんが説明してくださった近代日本の精神的支柱としての「教育勅語」というのは、その時代における「宗教リテラシー」の柱だったともいえる。井上さんのお話に出てきたロシア正教会の特別な位置づけということも、それを教科書で学ばなくても、いわばリテラシーとして国民の中に定着していると理解することができます。それが、最悪の場合には、戦争を正当化するということにつながってゆく。

ですから、リテラシーの中身がやっぱり大事だと思います。

他者を傷つけたり、敵味方と分断するようなリテラシーということもあり得るわけですし、国家はそういうものを注入しようとする場合があります。そのような認識に立って、それにしっかりと抵抗できるようなものを我々は作ってゆかなければならないのではないかと思います。

井上 今、議論を伺っていて、私は、島薗さんの一九二三年生まれのお母さまが神聖な存在というものを心に抱いておられて、それはおそらく同世代の人もそうだったというお話と、若松さんと櫻井さんがおっしゃっていた「わからないことを尊重する」、あるいは「わからないところに踏みとどまる」というお話とを考えあわせていました。

それで、何と言えばよろしいでしょうか、今の日本の教育においては、「わからないことに踏みとどまりましょう」というようなメッセージを伝えると、おそらく、小中高の生徒はかなり混乱するのではないかと思います。

混乱するから伝えないということではありません。誤解のないよう付け加えますと、「わからないところに踏みとどまる」という姿勢はとても大事であると私は考えています。ただ、ごく一般的な小中高生は混乱してしまうようにも思います。なぜかと言うと、例えば、宗教に関することもいっぱい書かれている「倫理」の教科においてさえ、「正答」が求められているわけですよね。

そうすると、「わからない」ことの大切さを伝えるためには、かなりの教育改革が必要と言いますか、教育界に根本的な変革が必要です。教育において、誰が変革の担い手となって、どのような場で行っていくか、ということを考えなければなりません。

そのように考えてみましたときに、まず始めるべきなのは、先ほど小原さんがドイツの例として挙げていらした対話型の教育のあり方を、諸外国の教科書などから学び、実践することではないだろうかと思います。

若松　お話を伺っていて、思い浮かんだ言葉があります。

大村はまさんという教育者──僕は、教育研究家というよりも教育者だと思いますが──彼女の言葉の中で僕が本当に忘れられないのは、あれだけ現場に立ってきた人が「私は教師として大

大村はま：一九〇六年、横浜に生まれ、東京女子大学卒業後、諏訪高等女学校（現・長野県諏訪二葉高校）、東京府立第八高等女学校（現・東京都立八潮高校）などに赴任。五二年間にわたって教壇に立ち続け、戦後の国語教育の基礎を築いた。終生、教える人は常に学ぶ人でなければならないという信念を貫き、九八歳で死去（二〇〇五年）する前日まで推敲を重ねた遺言ともいえる詩『優劣のかなたに』には、次のような一節がある。「今は、できるできないを／気にしすぎて、／持っているものが／出し切れていないのではないか。／授かっているものが／生かし切れていないのではないか。」

変罪深いことを言ってきた」それは、「わかりましたか？」という言葉だと言うんです。まさに、「宗教リテラシー」を考えるときに、「わかりましたか？」と問うことはほとんど意味をなさないし、とても危ないことだと思います。

やはり学習の現場では、教師が「正解」を持っているという雰囲気ができてくる。しかし、そうではないところに、「宗教リテラシー」が深まっていく可能性がある。誰も「正解」を持っていない。そして、皆で飽くなき探究を深めていくよりほかに道はない。そのような問題が世の中にはあるのだということを、皆で共有していくことが本当に大切だと思います。

さらに、「宗教リテラシー」を考えていく上でとても重要だと感じていることがあります。

私たちが宗教と向き合うときに、「どうしたら自分が救われるのか」ということを皆どうしても考えがちになりますが、この「自分だけが救われたい」という考えは、人をとても大きな過ちに導くと思うのです。自分の横に苦しんでいる人がいるのに、それを見ないふりをして自分だけが救われるということが本当に宗教的なのか。そのような問題をめぐって考えを深めていくということと「宗教リテラシー」ということは、やはり無関係ではないと思っています。

「陰謀論」とIT時代の「宗教リテラシー」

櫻井　「自利」でありながら「利他」にもなる局面というのは、やはりあると思うんです。

宗教というのは奥深いところでそういうものを求めているわけなんですけれども、なかなかそうならない局面もあると思います。宗教の恐ろしさの一面は、やはりカルトの問題の中に現れてきて、自分たちだけが「真理」を知っていると。自分たちの「真理」を知らない人を蔑視する。存在価値すら認めない。そういう心理的な傾向がどうしても出てきてしまう。こういうところを避けながら、その陥穽を埋めながら、「自利利他」の世界というのを拡大してゆくことが本来の宗教が目指したところだろうと思うんですけれども、実はこれが大変難しいですね。

もうひとつ、「宗教リテラシー」を考える上で付け加えさせていただきたいのは、現代社会における情報リテラシーという問題です。これについても合わせて考える必要があると思います。

情報というのは、どんどん拡大的に再生産されていく状況にあるわけで、いわゆる「陰謀論」が非常に力を持ってきています。現代においては、自分は一生懸命やっているんだけれども、社会はどんどん貧しくなり、格差が開いてきて、なかなか自分の思うようにならない。政治も自分が期待している通りにならない。こういうときに、「実はこの背景にはディープ・ステート（闇の政府・地底政府）がある」とか、「黒幕として誰々がいる」とか、こういう言説はすごく広まってしまいます。そういう意味で、「宗教リテラシー」を考える際に、普通の学校教育だけではまったく収まらない局面があると思います。

このＩＴ時代の「宗教リテラシー」ということに関して、皆さんはどのようにお考えになりますか。

小原　その「陰謀論」についてですが、宗教に近いような側面を持っていますよね。組織を明確には持っていないけれど、持っていないが故に融通無碍に広がっていきます。ですから、インターネット空間における特性を知っていなければ、興味本位の人たちはグイグイ引き込まれていってしまいますし、いったん「陰謀論」が自分に入ってしまうと、周りの人から「そんな変なことを信じてはダメですよ」と言われても、言われれば言われるほど自分の信念を強くしてゆくということがあるわけです。

ですから、「宗教かカルトか」というような問題も確かに大事なんですけれども、バーチャル空間における疑似宗教的な存在についても我々は目を配る必要がありますし、これからは「メディアリテラシー」と「宗教リテラシー」を合体させたような新しいリテラシーが求められると思いますね。

井上　私は、メディア社会学などのような分野と連携してゆかなければならないのではないかと思います。つまり、歴史的に情報統制がどのように行われてきたのかといったことや、歴史的に幾度も「陰謀論」が生まれているということをきちんと知ることが必要です。

今のＳＮＳ――知りたい情報だけが自動的に届けられるというようなＳＮＳの現状は、まさに、ロシアが今、国内や近隣諸国に対して行っているニュース配信と同じですよね。学生さんに、「今、あなたがコミットしている状況というのは、ロシア国内にいて国営テレビや政府から認められているメディアを見ているのと実は同じような状況なんですよ。それでも、あなたはこのままコミットし続けますか」と言うような――そんな迫り方をするのがよいのかわからないですが――しかしやはり、プロパガンダの歴史、情報統制の歴史、繰り返される「陰謀論」について、メディア社会学などの知見とともに、きちんと学ぶことが大切ではないかと思うんです。

若松　「陰謀論」が生まれてくる背景には、大切なことは隠されているという「通念」あるいは「常識」があるわけです。それで、私が宗教者の方たちに本当にお願いしたいのは、宗教というのは「隠されていることを見つける」ことではなくて、私たちの目の前にあるにもかかわらず、「見えないものを見出していく」ことなのだと明言してほしいのです。大切なことは隠されてなんかいない。まったく隠されてなんかいないけれど、見えていないことが問題なんだ、ということです。「陰謀論」は、「自分たちは隠された情報を持っている。だからここに集まれ」というようなことです。それに対し「そんなことはまったく必要ないんだ」と宗教者が言わない限り、私は変わらないのではないかと思います。

今まで、宗教は、「自分たちの門に入らなければ大事なものが見えない」ということばかりを言ってこなかったかどうか省みてほしいとも思います。このことを反省しない限り、宗教とカルトの問題は解決しないと思います。ですから、繰り返しになりますが、大事なものは目の前にあるということを、宗教者がもう一度、言明することではないでしょうか。これ以上のことはないと思うんです。そのことを、私は強く言いたいと思います。

小原　今日は、神話の世界についても伺いましたし、「教育勅語」について、また、「修身」から「道徳」に至るまでのお話も伺いました。宗教リテラシーをめぐる議論を通じて、私たちは、日本がどのような時代を通過してきたのか垣間見たように思いますし、もう一度振り返ることができたと思います。私たちが未来に向かって、どのような宗教リテラシーを考えるべきか、教えるべきか考えるときに、やはり歴史を正確に振り返ってゆくこと、そこから批判的に教訓を得るということが本当に必要ですね。

それと同時に、それが自国史に閉じたものではなく、今回は、ロシア、イギリス、ドイツ、アメリカの事情に触れましたが、それぞれの国が宗教をどう教えようとしているのか、諸外国の経験からも学ぶ必要があります。今後、日本は憲法二十条が課す制限の中で、宗教についてどのように語り、学び、経験することができるのかを、これからもともに考え続けてゆきたいと思っています。本日はどうもありがとうございました。

一同　ありがとうございました。

column 「人権教育」と「宗教文化教育」のあいだ

井上まどか

『となりのアブダラくん』(講談社)という黒川裕子さんの文学作品をご存知の方もいらっしゃるでしょう。主人公は小学校六年生の男の子です。ある日、その子は、パキスタンから日本語の話せない転校生がやってくると「お世話係」にさせられてしまって途方に暮れます。でも転校生と接するにつれて、小さな変化が大きな変化へとつながっていきます。

お読みになった方にはご賛同いただけるのではないかと思いますが、異文化理解が大きなテーマになっています。また、作品の中にでてくる「一人ひとりちがう子どもたちを支え、生きぬく力を与えるために、学校があります」というメッセージからは、「多様性の尊重」というキーワードが浮かびあがってきます。出版されたのは二〇一九年です。外国につながりをもつ子どもたちがますます増えつつある今の日本の小学校を舞台としていることもあって、人権意識を培うのにふさわしい作品と考えられています。

ここで問いを発したいと思います。

「人権教育」と「宗教文化教育」は、どういう関係にあるのでしょう。

両者は同質あるいは類似するものでしょうか。

それとも、異質あるいはかなり異なるものでしょうか。

これは、それぞれの教育をどのように定義づけるかということが関わってきますから、そうしたことをしないままこの問いを発するのはかなり乱暴な話ではありますが、あえてこのまま議論を進めてみましょう。

同質あるいは類似するものだという立場は、「人権教育」も「宗教文化教育」もともに異文化理解あるいは複数の文化の共生を目的とする、あるいはそれらに資すると考えた場合に成立しそうです。

それでは、両者が異質あるいはかなり異なるものだという立場は、どのようなときに成立するのでしょうか。もし「宗教文化教育」が特定の信仰心を育てるためのものだと考えた場合にはどうでしょうか。言い換えますと、「宗教文化教育」が「宗派教育」あるいはその宗教・宗派が説く教えに関わるもの（つまり教義に関わる教育）であった場合には、それと「人権教育」とは異なるという印象を生じさせるのではないでしょうか。

私自身は、「人権教育」と「宗教文化教育」とは、かなり重なりあうところが大きいと考えています。それは、どちらも「他者」、言い換えれば自分とは異なる存在が前提になっていると考えるためです。異文化理解に資するものという点で、両者はかなり類似していると考えます。それではまったく同質かというと、そうではないように思っています。それはその宗教・宗派が説く教えが他の価値観と対立・衝突することがあり得るためです。

人権教育は、西欧的ともいえる「基本的人権」という考え方が土台にあります。たとえば信仰の自由、良心の自由は「基本的人権」であると考えられています。

他方、宗教の教えは、長きにわたる慣習や土地の習俗に支えられる場合もあれば、逆に比較的短期間に何かへの対抗として生まれてきたものの場合もありますが、いずれにせよ、「基本的人権」概念と比べてかなり多様で、互いの対立・衝突を完全に無くすことは難しいといえるでしょう。さらに、信仰生活に関わることについては偏見が生まれがちです。

その場合、「他者」を前提とした「宗教文化教育」はどのようなアプローチによって可能になるでしょうか。

私が思いおこすのは、日本イスラーム文化交流会館（東京・東五反田）で伺った話です。イスラームの場合には、一日五回の礼拝や食の禁忌など、異質な部分がとりあげられることが多いのですが、身のまわりの人に親切にしよう、親孝行しようというように、日本人の間に浸透している価値観と似ているものも非常に多くあります。「お互い大事にしていることでは、こういうところが同じですね」というようなとっかかりによって相互理解が進むのではないか、というお話を伺いました。

異質な存在、あるいは存在の多様性を認めるというのはなかなか実践するのが難しいことでもあります。場合によっては無関心に陥りかねません。「宗教文化教育」は、互いに異なる存在であることをふまえたうえで、あえて「お互いが大事にしていることで似ているところ」を見出していくというアプローチも有効となる場合があるのではないか――このようなことを最近考えています。

column　ポップカルチャー×神話×宗教リテラシー

平藤喜久子

二〇二四年、第九六回アカデミー賞長編アニメーション賞は、宮崎駿監督の「君たちはどう生きるか」が受賞しました。二〇〇三年の「千と千尋の神隠し」に続く二度目の受賞は、宮崎駿監督の作品、そして日本のアニメーションが、世界で高い評価を受け続けていることを強く印象づけるものでした。

宮崎駿監督の映画といえば、ほかにも「風の谷のナウシカ」(一九八四)、「となりのトトロ」(一九八八)、「もののけ姫」(一九九七)、「ハウルの動く城」(二〇〇四)、「崖の上のポニョ」(二〇〇八)などがありますが、その多くにアニミズム的世界観を見ることができます。

人の言葉を話す青サギ、「森の主」とされるトトロ、森に住むコダマ。古びた家に住み着いている「まっくろくろすけ」(ススワタリ)などなど。これら宮崎アニメで創造されたユニークなキャラクターたちは、自然の中に生物、無生物を問わず霊魂を見出してきた日本の古くからの信仰との結びつきが伺えます。

そのためか、宮崎アニメをきっかけに、日本人のアニミズムや動物観、神話についてその先をもっと学びたいと思う人も少なくありません。私が担当する大学の授業でも、学生が「千と千尋の神隠しと日本神話」、「となりのトトロと日本の民俗」といった研究発表を行ったことが幾度となくありました。この人気は、もちろん日本にとどまるものではなく、海外でも学生たちの人気は高く、大学の日本文化の授業で「もののけ姫」や「平成狸合戦ぽんぽこ」（高畑勲監督、一九九四）などが格好の教材として使われていると聞きます。

宮崎アニメに代表されるように、アニメやマンガ、ゲームなどのポップカルチャーは、国内外を問わず、宗教や神話の学びの大きなきっかけとなっています。とくに私が専門としている神話に関していえば、ゲームの影響は大きく、一九八〇年代の「ＦＩＮＡＬ ＦＡＮＴＡＳＹ」シリーズ、「ドラゴン・クエスト」シリーズ、「女神転生」シリーズにはじまり、神話に関わる作品は数え切れないほどあります。神話は、文化資源として新たな作品にインスピレーションを与え、彩りを加えているといっていいでしょう。

では、神話や宗教に関わるゲームをしている人たちは、そこから知識を得て詳しくなっているかというと、必ずしもそうではなさそうです。

確かに、中にはゲームをきっかけとして関心を持ち、専門的に学ぼうとする人もいます。しかし、多くはゲームを通して神の名前や神話の用語には触れますが、それがいったいどういうものか、ということまで知るわけではありません。知識は断片的になりがちです。

例えば「FINAL FANTASY」シリーズでいえば、ひとつのゲームの中にさまざまな神話の用語が混在していたりします。北欧神話のオーディン、メソポタミアの英雄ギルガメシュ、イスラームの悪魔イフリート、ヘブライ語聖書のリヴァイアサン（レヴィアタン）、インド神話のラクシュミなど様々な地域の神話や関連用語が取り混ぜられた神話的世界が繰り広げられています。その姿や性格はもとの神話のそれと必ずしも関わりがあるわけではありません。神の名、神話の用語はもとの文脈から切り離され、新たな役割、姿が与えられているのです。新たな神話の創造といえるでしょう。それが神話の創造力だ、とみることもできます。

iOS／Android用に二〇一六年から配信されている「エジコイ！～エジプト神と恋しよっ～」という恋愛シミュレーションゲームがあります。

ゲームをする人は、女子高校生となってアヌビスやホルス、メジェドといったエジプト神話の神の先輩、後輩たちと恋愛をするというもので、神々は学生服を着ていたり体操着を着ていたりします。メジェドは、古代エジプトにおいてどのような神であったのかほとんどわかっていないにも関わらず、大人気です。エジプト神話の神々が登場するポップカルチャーの作品は他にもあり、それらを通し、古代エジプトの神々の人気は高まっていると実感しています。

神話学者として、神話に興味を持つ人が増えることはとてもうれしいことです。しかし、「宗教リテラシー」という視点からみると、立ち止まって考える必要がありそうです。

古代オリエントやギリシャ・ローマ、古代エジプトなど、いわゆる古代宗教については、現代社会の中で信仰する人々は基本的にはいません。ギルガメシュやアテナ、オシリスを自由に描き、物語の中で新たな役割や人間（神）関係を築く設定にしたとしても問題はないでしょう。

しかし、ヒンドゥー教の神々や日本神話の神々などは今もなお信仰の対象となっています。取り扱う際にはリテラシーが求められます。

例えば、二〇一七年にオーストラリアの食肉生産者団体のＣＭで、イエス・キリストやブッダ、新宗教のサイエントロジーの創始者ロン・ハバートらが並んで羊肉を食べる中に、ヒンドゥー教のガネーシャも含まれていました。ガネーシャは菜食であるとされているため、羊肉を食べる内容にはインド人コミュニティから批判が寄せられ、インド政府がオーストラリア政府に正式に抗議をする事態にまで至りました。

他にも格闘ゲームで、世界の神話の神や宗教的な指導者たちが戦う「Ｆｉｇｈｔ　ｏｆ　Ｇｏｄｓ」という作品があります。アマテラスとサンタクロースが戦ったり、イエスとブッダが十字架や仏像を背に戦ったりする内容を含み、さまざまな国で批判が起こっています。

日本では、神社で祀られている神々であっても、ポップカルチャーの中で比較的自由に描くことができる状況にあるためか、あまり意識する機会はないのですが、神や宗教的表象を新たな文脈に置く、新たな作品の中で描くことは、表現の自由と信仰の尊重という二つの大きな価値観の問題と関わってくるものです。

神、宗教的表象が、それぞれの宗教文化の中でどのような意味を持つのか。どのような思いを受けて存在しているのか。どのような歴史を持つ存在なのか。そうしたことを知った上で、表現に生かす必要があるのではないでしょうか。

日本で作られた、日本人向けの作品だからといって自由にできるわけではありません。マンガであれアニメであれゲームであれ、一度世に出たら世界中の人々の目に触れる可能性があります。それらに神を登場させる。まさに「宗教リテラシー」が求められているといっていいでしょう。新たな創造は、リテラシーの先にあるのではないかと考えています。

column　宗教の本義を考える

若松　英輔

いま私は、この文章を未知なる読者への手紙として書いています。

ここで表現したいのは意見ではなく、対話への呼びかけです。ただ、その対話は、言葉によるものではありません。「彼方での対話」と呼ぶべきものなのです。

哲学者の井筒俊彦は「対話と非対話——禅問答についての一考察」と題する文章で、「対話」ではなく、「対話の彼方」、さらにいえば「彼方での対話」が重要なのではないかと述べています。言葉と言葉が対するのが「対話」であるとすれば、「彼方での対話」は、沈黙のうちに行われ、言葉を引き受けた者たちの間で沈黙のうちに実践され、体現される中で深まっていくものです。

「宗教とカルト」という主題を言論の場に置き去りにしてはなりません。そこでは何も起らないからです。宗教界にいる人々が、宗教界にいる人々にだけ分かる言説を繰り返し、見えない「壁」を作っているうちに、苦しみと嘆きを抱えた人たちが、カルトの門を叩くということがあったのではないでしょうか。

いま、私たちが問い直すべきは、なぜ、私たちは苦しむ人たちに開かれ、そして、必要であれば寄り添うことができなかったのか、という厳粛な問いです。

そもそも「宗教とカルト」という主題は、新しいものではありません。二〇世紀末からすでにのっぴきならない問題でした。なぜ私たちは、この問題をこれほど長い間にわたって見過ごしてきたのか。なぜ私たちは苦しむ人々を疎外したのか、という胸が痛むような内からの問いを掲げることなく、「宗教とカルト」の問題を問い直してみても、おそらく意味は希薄です。

人が「カルト」に魅かれるのは、そこに求めていたもの「らしき」何かがあったからに違いありません。しかし、それが「らしき」ものであって、むしろ求めていたものとは似て非なるものであることが分からないまま年月が過ぎてゆき、抜けられなくなるということも少なくないのではないでしょうか。

「宗教とカルト」を峻別することは、「宗教」の役割です。「カルト」は自らを宗教であると称することはあっても「カルト」であると言うことはないからです。

宗教と「カルト」を分けるのは、その宗派の歴史や教えだけではありません。

それはそこに生きる者たちの行動にほかなりません。そして「恐怖」「拘束」「搾取」、どんな形であれ、この三つの行為が行われるとき、どんな歴史、伝統を背景にもった団体であってもそこに「カルト性」が生まれる、私はそう感じています。「恐怖」「拘束」「搾取」、この三つは、「カルト」の常套手段であるだけではありません。イエスだけでなく、釈迦も決して行うことのなかった古くからある禁忌の行為なのです。

宗教の現場にあるべきは、大いなるものと隣人への「畏怖」であって、「恐怖」ではありません。「恐怖」は人間を委縮させます。「宗教」が「恐怖」の力を借りるのを止めたとき、そこに「カルト」との明瞭な質的な差異が現れるのではないでしょうか。

「拘束」が物理的に行われれば犯罪になりますが、ここでいう「拘束」はそこに留まりません。むしろ、心理的拘束に重きを置いています。宗教の門に鍵はないはずです。宗教は出入りが自由でなくてはなりません。集った人たちを囲い込もうとする、そこにすでに「拘束」の罠が潜んでいるのです。

「搾取」とは、献金を無理強いすることに留まりませんが、それよりも重要なのは、救いを金銭で購《あがな》うことができるものであるかのように扱うことです。献金が多いか少ないかと救いは関係がない。このことを宗教は、これまで十分に語ってきたのかと自らに問い質《ただ》さねばなりません。「カルト」は、金銭と救いの関係を巧みに語るのでしょう。だからこそ、「宗教」はそこに関係がないことを明言する必要があるのです。「宗教とカルト」の問題を考えるとき、私は『新約聖書』の「ヨハネによる福音書」にある次の言葉に立ち返るようにしています。

あなた方は真理を知り、真理はあなた方を自由にする。

（八章三二節　フランシスコ会聖書研究所訳注）

宗教は、人々に「自由」を約束するものでなくてはならない。人は信じる自由があるように疑う自由もある。信仰とは信じるという営みの中においてだけでなく、疑う中でも深化するものだからです。疑ってよい。「宗教」はこのことを語り直さねばならないのではないでしょうか。信仰、あるいは信心深いことをのみ讃美するのではなく、また、信じることを求めるのでもなく、真摯に疑う人とも共にある場が不可決です。

真に宗教と呼ぶべきものの根幹になくてはならないものが、いくつかあるように思われます。そのひとつとしてキリスト教は「愛」を説きます。仏教者でも「愛語」を語った道元のように力強く愛を語る人物もいますが、同質のはたらきは「慈悲」という言葉で表現されるのではないでしょうか。もちろん「愛」と「慈悲」の違いを論じることはできます。それは別の一稿を要するにふさわしい問いであるでしょう。しかし、今ここで論じられるべき主題において求められているのは、その差異よりもそれが響き合う場所にあるものを見つめ直すことです。なぜなら苦しむ人にとって、自分の心に注がれる慰めの水が「愛」と呼ばれているのか「慈悲」と呼ばれているのかは、あまり大きな問題ではないからです。

私たちは、隣人を愛する道を模索する前に、「愛」とは何かを論じることにあまりに時間を割いてきたのではないでしょうか。「愛」は誰かを、あるいは自分自身を本当の意味で愛することでしか体得され、認識され得ないのだとしたら、私たちは「愛」とは何かを論じることで、「愛」

の顕現を、「慈悲」の顕《あら》われを、封じ込めているのかもしれないのです。イエスが迫りくる逮捕と死を感じながら弟子たちに向かって「愛」を、より精確には愛することをめぐって語った次のような一節があります。

わたしがあなた方を愛したように、あなた方が互いに愛し合うこと、これがわたしの掟である。
（「ヨハネによる福音書」一五章一二―一六節）

イエスは「神」を愛せとは言いませんでした。互いに愛し合えと言うのです。神仏を熱心に愛する。しかし、隣人を愛することを忘れている。そうしたことが、宗派を問わず「宗教」が抱える危機的問題なのではないでしょうか。

教会や寺院に集う。そこに集まった人とその周辺の人たちの無事を祈念するだけでは十分ではないのかもしれません。宗教を必要とする人は、宗教施設の外にいるどころか、宗教の存在すら念頭にないのかもしれないのです。

愛をめぐる現代の古典と呼んでよいエーリッヒ・フロム『愛するということ』に、この問題の核心にふれる言葉がありました。それはフロム自身の言葉ではありません。フランスの哲学者シモーヌ・ヴェーユの一節です。

「……その言い方は、何気なく発した言葉が人間存在のどれくらい深い領域から出てきたかによって決まる。そして驚くべき合致によって、その言葉はそれを聞く者の同じ領域に届く。それで、聞き手に多少の洞察力があれば、その言葉がどれほどの重みをもっているかを見極めることができる」（鈴木晶訳）

宗教の世界に生きる者は、あまりに「あたま」から語り過ぎたのではないでしょうか。何と呼んでもよいのですが、私たちが通常「こころ」と呼ぶよりも深い場所から言葉を発すること、そうすれば、相手の深い場所に届くというのです。

宗教における言葉のはたらきはきわめて重要です。しかしそれが「知」の言葉で終わってはならない。井筒俊彦は、知の言葉には終わらない、沈黙さえも含んだ意味の顕われを「コトバ」と表現しました。言葉だけでなく、「コトバ」において他者と向き合うこと、そこに私たちの最初の、そして究極の実践があるのではないでしょうか。

【引用】『井筒俊彦全集』第五巻（慶應義塾大学出版会）
『新約聖書』ヨハネによる福音書
『愛するということ』エーリッヒ・フロム（紀伊國屋書店）

写真提供：ＮＨＫ

【「こころの時代」放送記録】　第Ⅲ章

シリーズ徹底討論　問われる宗教と〝カルト〟⑥「宗教リテラシーをどう高めてゆくのか」

【放送】ＮＨＫ Ｅテレ　2023年7月9日(日)5:00-6:00／7月15日(土)13:00-14:00

【収録】　2023年3月3日(金)　ＮＨＫスタジオ 113

【制作統括・チーフプロデューサー】鎌倉英也　川添哲也

【テクニカルディレクター】櫻木耕作　【VE】石垣英祐

【撮影】桜井勝之　津田一樹　長谷川翔平　堀内 將　林あかね

【照明】今井秀道　有村紗世子　岩田研二　大平幸乃　【映像技術】小林八万

【音声】鈴木彰浩　山本 光　尾関輝彦

【美術セットデザイン】室岡康弘　【美術プロデューサー】唐木怜子

【美術進行】矢野馬雅子　【大道具製作】仙波正日呂　【装置進行】田中 亮

【道具操作】佐藤栄一　【電飾】山口健介　【美粧】佐藤なおこ　長沼佐枝子

【制作デスク】平位 敦　【フロアーディレクター】浅井靖子　吉岡礼美　石井茉実

【語り】髙橋美鈴　【編集】田村 愛　【音響効果】梅津祐那

【ディレクター】矢部裕一

【制作担当】ＮＨＫ第２制作センター（文化）「こころの時代」班

むすびにかえて——宗教集団による人権侵害と「信教の自由」

島薗　進

ＮＨＫテレビの「こころの時代」において、私たちは「宗教と家庭・性・子ども」、「〝信教の自由〟と法規制」、「宗教リテラシーを高めるために」という三つのテーマに沿って、それぞれ六人が参集して討論を重ねたが、二〇二三年という時期にこうした機会を得たことは幸いだった。

二〇二二年二月にはロシアのウクライナ侵攻があり、二〇二三年一〇月にはハマスのイスラエル攻撃をきっかけにイスラエルによるガザ侵攻が起こった。これらの戦争においては、宗教が暴力の増幅に加担しているのではないかと疑われている。米国のある種のキリスト教勢力が、世界の分断と暴力的両極化を招きやすいという捉え方もされている。

宗教と暴力、宗教と抑圧という問題は、日本だけでなく世界各地で問われている。そんな中で、旧統一教会問題を通して、日本における宗教と社会をめぐる重要な課題をどのように考えていけばよいのか。この討議では、世界の状況も参考にしながら、ある程度の見通しを得るのに役立ったと思う。

宗教と家庭・性・子ども

安倍元首相殺害事件の山上徹容疑者は、母親が熱心な旧統一教会（世界基督教統一神霊協会）の信徒であり、そのために財産を失い、貧困に苦しみ、人生を台無しにされたと感じた。このように旧統一教会の家族はしばしば家族崩壊に陥り、信徒家族のもとで育った「統一教会二世」はさまざまな抑圧や不遇に見舞われることになった。

ところが、その旧統一教会は家族・家庭重視を掲げる教団である。韓国では一九九七年に、日本でも二〇一五年に世界平和統一家庭連合と名称を変更している。その背後には、宗教的な教理に基づき家族や家庭を尊ぶべきものとする教えがあった。

また、性と結婚に対する独自の信仰があり、教祖が選んだとされる相手と特殊な秘儀を経て（合同結婚式で）結婚することで人類誕生以来の罪が清められ、救われた人生を送ることができるとする。こうした結婚を「祝福」とよぶ。

他方、信仰をもたない人は「サタン」の影響下にあり、男女関係は罪をもたらすものであるとする。信仰をもった若者や「統一教会二世」は「祝福」以前の男女交際を厳に慎むべきであり、厳格な性的禁欲が求められる。それに対して、救いをもたらすはずの「祝福」だが、多くの日本人の女性信徒は、信仰が薄かったり結婚相手がほしいために旧統一教会に近づいてきた韓国人の男性と結婚させられることになった。
「アダム国」の韓国人男性に奉仕すべく「エバ（イブ）国」の日本人女性が嫁ぐのを「韓日祝福」といい、七〇〇〇組にも及ぶという。こうしたことが行われた背後には、そもそも人類の始祖であるアダムとエバのうち、女性のエバが「サタン」と交わって人類に罪をもたらしたという教えがある。女性に罪を帰するような考え方が根底にあると言える。

だが、宗教が女性に対する差別的な考え方や抑圧的なしきたりを押し付けてきたという批判は、旧統一教会だけに向けられてきたものではない。

聖職者が男性に限られており、女性が排除されているという事態は、カトリック教会や多くの仏教教団で今も続けられている。女性がヴェールを被ったり、身体像を隠すような服装をしなくてはならないというイスラームの律法はどうか。これは差別的なのか。なぜ、伝統的な宗教にこうした女性差別と受け取られるような要素があるのか。宗教はそれを超えてゆけるのか。

旧統一教会やエホバの証人では、宗教が子どもに対して抑圧的な影響を及ぼしてきたことが批判され、「宗教二世」という言葉が広まった。では、どのような場合に、宗教が子どもに抑圧的に働くのか。むしろ「カルト二世」と呼ぶべきだという考え方もある。

宗教が子どもに抑圧的にならないようにするには、どうしたらよいのか。

なぜ、旧統一教会では女性や子どもに対する抑圧が顕著になったのだろうか。

そもそも宗教が子どもや女性に抑圧的に働かないようなあり方はどのようなものなのだろうか。

本書第Ⅰ章では、限られた時間ではあるが、以上のような問いを念頭に置いて、六人の参加者がそれぞれの知見を述べている。なお、岡田真水氏はこの番組に出演してしばらくして逝去された。まことに残念である。

「信教の自由」と法規制

多くの被害者を生んだ宗教団体だが、なぜそのような被害を及ぼし続けることができたのか。これは、「信教の自由（宗教の自由）」が過度に尊ばれてきたからではないか、との問いが投げかけられている。

現在の日本国憲法と宗教法人法は、確かに「信教の自由」を尊ぶ法制度だ。だが、その下で一九九六年にオウム真理教が摘発され、このたびは旧統一教会がその加害責任を問われるようになった。旧統一教会の場合、霊感商法の問題が指摘されるようになってから三〇年以上が経過している。この団体はなぜ多くの人権侵害を犯してきたのに、取り締まりを受けることがなかったのか。後述するように政治家がお墨付きを与えたからだとの答えもあるが、制度上に問題があるとの考え方も抱かれた。

これは、このような宗教団体の人権侵害をなくすためにはどのような制度が必要なのか、という問いと結びつく。

一九九五年にオウム真理教地下鉄サリン事件が発生した後にも、二〇二二年に旧統一教会問題が浮上してきた後にも、この問いは投げかけられた。とりあえず法人寄附不当勧誘防止法が制定され、他の行政措置も行われ、一定の制御が目指されてきた。それらは有効なものなのだろうか。あるいは不適切であったり、「信教の自由」を損なう結果を招くものなのだろうか。まだ、答えは出ていない。

また、宗教法人法の規定に従って、文科大臣が旧統一教会の解散が必要と判断し、その決定を裁判所に求めているが、それは妥当なものなのか。

宗教団体は宗教団体であると「認証」されることで宗教法人となる。ところが、実はなかなか認証されないことがあり、他方、いったん認証されると、認証を取り消されることはほとんどない。宗教法人となることによって免税の特権が得られるわけだが、それがカルト団体や私利私益を追求する集団に悪用されてきたのではないのか。宗教法人の制度はこのままで良いのか。

旧統一教会は政治家に積極的に働きかけ、そのことによって利益を得るとともに、選挙活動を助けたり、人的動員を行うなどして政治家を助けてきた。政治家と協力関係にある団体の人権侵害行為は見逃されがちなのではないか。

政治家のお墨付きが教団を守ることになる。このようなもたれ合いの関係は憲法の定める「政教分離」のあり方に反してはいないのか。

「ライシテ」とよばれる政教分離体制が強固に貫かれてきたフランスでは「セクト規制法」（「セクト」は英語の「カルト」と同義）が設けられてきた。日本でもこのような法と体制が必要なのではないのか。

第Ⅱ章では、こうした問題を歴史的な視点や法学の知見を重視しながら論じた。

政教分離については、国によってそれが実質的に意味するところが異なっている。特定宗教教団が優位に立つ社会で、抑圧されてきた宗教集団の自由を守ることに力点があったアメリカ、カトリック教会の影響を抑え市民的自由を守ることに力点があったフランス、いまだに特定宗教教団の優位が維持されている欧州諸国といった違いがある。

日本では大日本帝国時代の国家神道体制の下での宗教集団と市民的自由の抑圧の双方に対する反省が、現在の日本国憲法下の政教分離体制の基盤になっている。ところが、一九七〇年代以降、宗教集団による個人の抑圧が目立つようになり、旧統一教会はその代表的事例と言える。

こうした国際的な相違を認識した上で、日本の抱える問題に向き合っていく必要がある。

「宗教リテラシー」を高めるために

旧統一教会は世界各地に信徒がいるが、日本で他とは比較にならないほどの最大の勢力をもってきた。教団は韓国やアメリカでの活動を重視しているが、その資金のかなりの部分は、日本の信徒が供給していることになる。多くの被害者を生んできた旧統一教会だが、なぜ日本でこれほどまで信徒を増やすことができたのか。

「あなたの宗教は何か」と問われると「無宗教」と答える人が多い日本人だが、「宗教的な心は大切ですか」と問うと七割ほどが「大切」と答える。そんな日本人が、問題が多い宗教団体の危うさになかなか気がつかないのだとすれば、そもそも広く国民の間で宗教に対する認識が弱いことが影響しているのではないか。これは一九九五年のオウム真理教の摘発の時期にも強く問われた問題だが、その後、事態の改善は進んだのだろうか。

宗教が暴力の増幅に寄与するような事態は、「無宗教」と自覚する人が多い日本だけで見られるわけではない。いわゆる「カルト」問題だけではない。ユダヤ教、キリスト教、イスラーム、ヒンドゥー教、仏教が優位な地域でも宗教が過激化したり、抑圧的な体制を後押ししたりする事態は、むしろ二〇世紀よりも増えているのではないか。

冷戦終結後にそうした傾向が強まってきて、今日に至っているようだ。さらに、全体主義的な体制ということであれば、中国や北朝鮮などでも抑圧的な世界観教育がなされていると見ることもできる。世界的な問題との関連で考えていく必要もある。

さきに「広く宗教に対する認識」と記したが、これは、人々が宗教について学ぶための教育や知識の普及、そして宗教をめぐる評価力、判断力を高めるための啓発などを含めて、「宗教リテラシー」と呼ぶことができる。「宗教リテラシー」を向上させることで、多様性を重んじつつ、尊ぶべき宗教的なものへの理解を深める一方、被害を生み、暴力に加担するような宗教のあり方への批判力も高めていくことができるはずだ。

では、日本で「宗教リテラシー」の育成はどのようになされてきたのか。他国ではどうなのか。そして、今後、どのように「宗教リテラシー」を育成していけばよいのだろうか。

学校における宗教教育については世界各国で多様である。特定宗教を深く学ぶことを重視しているドイツやイタリアなどのような国もあれば、諸宗教を広く学ぶことを重視してきたイギリスのような国もある。

フランスと似て日本の公立学校では特定宗教を深く教えることはできない制度だが、それでも社会科や国語などでは宗教に関わる問題が取り上げられている。私立学校でもさまざまな試みがある。また、日本では道徳・倫理が重視されてきている。これは大日本帝国時代に教育勅語や修身が重んじられてきたこととつながりがある。教育勅語や修身は、国家神道や天皇の神聖化という宗教的な要素を色濃く帯びていたことを忘れるべきではない。

「宗教リテラシー」を養う場は学校教育だけではない。

近年の映画、アニメ、漫画、小説、ゲームなどには宗教や神話に関わる内容がふんだんに含まれている。観光旅行で宗教的施設を訪ねることも少なくない。ニュースやテレビ番組でも宗教的な素材はしばしば取り上げられる。これらも「宗教リテラシー」に関わりが深い。大学教育でも意識的に「宗教リテラシー」を養うような科目がもっと必要ではないだろうか。

旧統一教会問題を掘り下げていく場として

「こころの時代」の徹底討論シリーズは、かなりの数の方々が視聴され、反響も大きかった。広い範囲の視聴者に観ていただいたということは、それ自身、テレビというメディアが「宗教リテラシー」の醸成に一定の役割を果たし得ることを示すものだったと言えよう。「こころの時代」は長い歴史をもち、すでにその役割は知られるところだったかもしれない。しかし、今まさに、宗教をめぐり、国会でも旧統一教会問題について活発な議論が行われ、解散命令請求が行われ、その後の教団の処遇についても多様な見解が出されているような時期に、このような討論がテレビ番組で行われたのは、これまでにはなかったことだった。

旧統一教会問題はニュースやワイドショーなどではたびたび取り上げられた。また、独自の取材に基づくドキュメンタリー番組も制作されなかったわけではない。だが、問題の背景を掘り下げ、多様な考え方をつきあわせながら理解を深めていくような場は、ほとんど設けられてこなかった。「こころの時代」のこのシリーズは、それを実現しようとしている点で大きな意義がある。

本書に収録された討議は、二〇二二年一二月から二三年三月にかけて行われ、二〇二二年一二月から二三年七月にかけて放映された。この時期は、文部科学省が旧統一教会解散命令請求を行うかどうかの調査と検討を進めていた時期である。同省は二〇二二年一一月、学識者や宗教団体の幹部などで構成する宗教法人審議会を開き、質問項目の案について諮問した。教団が持つ財産や収支、組織の運営などについての報告を求めるなどと説明し、その日のうちに審議会から「質問権」の行使は「相当」だとする答申が出された。

これを受けて、同省は一一月二二日に教団に対し、法人の組織運営や収支、財産に関して報告を求める書類を送り、一回目の質問権を行使した。その後、文部科学省による質問権の行使は二三年七月二六日の七回目までに及び、被害者等への聞き取りは一七〇人を超えた。長期にわたる調査検討の結果、二〇二三年一〇月一三日、同省は教団に対する解散命令を東京地方裁判所に請求した。また、この間に二〇二二年一二月には不当寄附勧誘防止法が、二〇二三年一二月には旧統一教会被害者救済法も成立した。

解散命令請求に対する東京地裁の審理は二〇二四年九月の現在も継続しているが、地裁の結論が出たとしても、さらに高裁の判断が求められると考えられ、結論が出るまで少なくともなお数カ月はかかると予想されている。

そして、たとえ解散命令が下されることになったとしても、それで解決というわけではない。教団は宗教法人としては解散したとしても別の形で存続することが予想される。統一教会の被害に対する賠償の問題、カルト二世や脱退者の安全をどう守るかという問題、存続する教団が今後どのように存続していきそれをどう見守るのかといった問題、宗教と政治の関わりに関する問題、さらに、宗教による人権侵害と信教の自由のかねあいをどうとるかといった問題は、その後も続いていくと考えられる。なお、理解を深めるべき問題は多い。

本書は、放送で行われた討論を書物の形にすることによって、さらに今後の議論を深めていくための手がかりと場を提供することになるだろう。特定事例を念頭に置きつつ、現代における宗教と社会について理解を深めようとする姿勢は、今後ますます必要になってくるだろう。本書がそのような動向に貢献するものとなることを願っている。

〔著者〕
島薗　進
岡田真水
駒村圭吾
釈　徹宗
原　敬子
井上まどか
金塚彩乃
田中優子
八木久美子
櫻井義秀
小原克博
若松英輔
平藤喜久子

宗教・カルト・法
——旧統一教会問題と日本社会

●二〇二四年一〇月一五日——第一刷発行

発行所／株式会社 高文研
東京都千代田区神田猿楽町二—一—八
三恵ビル（〒一〇一—〇〇六四）
電話03＝3295＝3415
https://www.koubunken.co.jp/

装幀／中村 くみ子

印刷・製本／精文堂印刷株式会社

★万一、乱丁・落丁があったときは、送料当方負担でお取りかえいたします。

ISBN978-4-87498-895-4　C0036